人文社科文库

语用学视域下中国现当代戏剧剧本英译研究

胡 贞 著

Pragmatic Perspective

C-E translation of modern and contemporary Chinese drama scripts

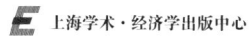

上海财经大学出版社
上海学术·经济学出版中心

图书在版编目(CIP)数据

语用学视域下中国现当代戏剧剧本英译研究/胡贞著.—上海:上海财经大学出版社,2024.3
(匡时·人文社科文库)
ISBN 978-7-5642-4305-0/F·4305

Ⅰ.①语… Ⅱ.①胡… Ⅲ.①戏剧文学-剧本-英语-文学翻译-研究-中国 Ⅳ.①H315.9 ②I207.3

中国国家版本馆 CIP 数据核字(2024)第 002009 号

上海第二工业大学翻译学科建设项目资助出版

□ 责任编辑　施春杰
□ 封面设计　张克瑶

语用学视域下中国现当代戏剧剧本英译研究

胡　贞　著

上海财经大学出版社出版发行
(上海市中山北一路369号　邮编200083)
网　　址:http://www.sufep.com
电子邮箱:webmaster@sufep.com
全国新华书店经销
上海华教印务有限公司印刷装订
2024 年 3 月第 1 版　2024 年 3 月第 1 次印刷

710mm×1000mm　1/16　10.5印张(插页:2)　146 千字
定价:75.00 元

前　言

党的二十大报告提出,加快构建中国话语和中国叙事体系,讲好中国故事、传播好中国声音,展现可信、可爱、可敬的中国形象。在世界舞台讲好中国故事、增强中华文明传播力和影响力是一项系统性工程。推动中华文化更好地走向世界,是构建中国对外话语体系、提升中国国际传播能力的重要课题。文学是文化的重要组成部分,使中国文学"走出去",是每一位翻译工作者的时代责任。近年来,中国现当代文学外译的研究和实践逐渐成为热点,成果层出不穷,而对中国现当代戏剧外译的研究则相对薄弱。作为中国文学重要的组成部分,中国戏剧被搬上异国舞台,广受欢迎。鉴于此,本书选定"中国现当代戏剧外译剧本"作为研究对象,具有鲜明的时代特征。

戏剧翻译不同于诗歌、小说的翻译,其研究发展相对滞后。戏剧语言舞台性、口语性、动作性、视听性、无注性等独有的特点,都决定了戏剧的翻译无法完全遵循其他文学体裁的翻译标准和方法。戏剧翻译的最终目的是将原语戏剧作品从一国舞台搬到另一国舞台上,让目标语观众获得与原语观众同样的反应,即"译文读者对译文的反应等值于原文读者对原文的反应"。所以,戏剧译者面临主要困难在于戏剧文本本身的特性。戏剧翻译除了要考虑涉及书面文本由原语向目的语转换的语间翻译外,还要考虑译文语言是否符合戏剧的语言特点,能否为目标语观众所接受。

在过去的半个世纪,西方和国内的戏剧理论家和戏剧翻译学者围绕"戏剧翻译"进行了广泛研究,越来越多的学者将戏剧文本放置于文化背景之下进行研究,取得了丰富的研究成果。其中,以语用学为视角进行研究的情况并不多见。语用学是专门研究语言在交际中的理解和使用的学问,是一门"理论繁杂却十分接地气的语言学科",近二十年来发展迅猛,成果颇多。语用学的研究开始更加关注社会语境中的语言使用,更加频繁地与其他学科结合开展跨学科研究。语用学引入翻译研究已经走过了三十余年,两者之间结下了"不解之缘"。语用学为翻译提供了更实用、更具深意的理论基础。语用学领域的一些研究成果,对翻译实践,特别是戏剧翻译实践有很强的借鉴作用。翻译过程中的语用分析,就是借助语用学的理论和方法,对翻译中所涉及的语言使用问题进行交际意义上的综合分析。戏剧中的人物对话是交际性对话,语用分析与戏剧翻译有着天然的契合点。

本书共分为五个章节,前三章为理论部分,主要围绕语用学、翻译学、语用翻译、戏剧翻译等内容进行全面的理论梳理。第一章介绍语用学的起源、定义、研究范围等基本观点,结合语用学的发展脉络回顾国内外语用学领域的研究成果和发展趋势。第二章主要从翻译学视角,梳理语用与翻译相结合的理论及实践研究成果,关注语用翻译学的发展和基本译观;还结合语用学的主要成果,从指示语、语境、预设、会话含义、言语行为、礼貌原则、关联理论、顺应论等视角来阐释对翻译研究和翻译实践的指导意义。第三章为戏剧翻译研究理论解读,介绍戏剧作为文学作品的独特之处、中国戏剧的外译之路和传播状况;另结合戏剧翻译的特点、标准、对象、可译性等内容,呈现国内外多维度的戏剧翻译研究成果,旨在说明语用学对戏剧翻译的理论和实践指导作用。第四章为剧本英译本的语用分析,结合前三章所述理论对翻译实例进行详细解读:首先回顾中国现当代戏剧英译的基本发展脉络,再针对译本实例逐一进行语用分析,突出其不同于一般文学题材的翻译特点,旨在凸显语用分析的可借鉴价值。书中梳理了大量经典现当代戏剧剧本的英译实例,以点带面,从语用分析的全新视角来解析剧本英译策略,选取老舍、曹禺、锦云等名家之作,如《茶馆》《雷雨》《家》《日出》《狗儿爷涅槃》等多版英译本,以保证语用分析的可信度。第五章作为总结部分,指出戏剧译本要融入目的语读者中,不仅要做到语义等效,明确传达原作意义,而且应重视语用因素,考虑读者和观众的反应效果。语用学理论的应用将助推中国戏剧外译发展,并指出其对中华文化传播的重要意义。结尾指出目前中国戏剧外译的机遇与挑战,展望其未来的繁荣发展。

感谢为本书编写提供协助的浙江大学、河南师范大学等高校的同仁。本书的编撰和出版也得到上海第二工业大学科研处和研究生部的大力支持,在此特别致谢。本书内容如有不足之处,恳请各位不吝批评指正。

胡　贞
2023 年 10 月于上海

目　录

第一章　语用学概述 /001

第一节　什么是语用学 /001
一、语用学起源 /001
二、语用学的定义 /004
三、语用学的研究范围 /006

第二节　语用学的发展 /008
一、国内外语用学研究概况 /008
二、语用学研究成果 /009
三、语用学的新发展视角 /011

第二章　语用与翻译 /014

第一节　语用翻译研究概述 /015
一、翻译研究发展回顾 /015
二、国内外语用翻译研究 /017
三、语用学翻译学的建立与基本译观 /022

第二节　语用学视角下的翻译研究 /026
一、指示语与翻译 /027
二、语境与翻译 /027
三、预设与翻译 /028

四、会话含义理论与翻译/030

五、言语行为理论与翻译/031

六、礼貌原则与翻译/032

七、关联理论与翻译/033

八、语言顺应论与翻译/035

第三章 戏剧翻译研究/037

第一节 认识戏剧/039

一、戏剧的定义和类别/040

二、戏剧作为文学/041

三、中国戏剧的外译与传播/043

第二节 戏剧翻译研究涉及的主要问题/049

一、戏剧翻译的特点/050

二、戏剧翻译的标准/054

三、戏剧翻译的对象/056

四、戏剧的可译性/058

五、国内外戏剧翻译研究/061

第三节 戏剧翻译的理论基础/070

第四章 中国现当代戏剧剧本英译语用分析/074

第一节 中国现当代戏剧的英译概况/074

第二节 中国现当代英译剧本的语用分析/077

一、指示语在剧本英译中的运用/077

二、语境在剧本英译中的运用/087

三、语用预设在剧本英译中的运用/093

四、会话含义理论在剧本英译中的运用/098

　　五、言语行为理论在剧本英译中的运用/107

　　六、礼貌原则在剧本英译中的运用/113

　　七、关联理论在剧本英译中的运用/119

　　八、顺应论在剧本英译中的运用/127

第三节　戏剧语言研究的语用学视角/131

第五章　中国戏剧外译与文化传播/134

　　第一节　中国戏剧外译传播的意义/135

　　第二节　中国戏剧外译的可接受状况/136

　　第三节　中国戏剧外译传播的挑战与发展/139

结语/147

参考文献/148

第一章 语用学概述

语用学是研究语言使用的学问,是以语言使用和语言理解为主要研究对象的一门学科。最初对它的研究仅仅局限于哲学领域。20世纪70年代,语用学的学科地位得以确立[①],之后飞速发展,出现了语言研究的"语用转向"(Mey,2001)。语用学的研究领域不断拓展,研究主题也持续深入。

第一节 什么是语用学

语用学是一门新兴学科,是专门研究语言的理解与使用的学问。要真正理解和恰当使用一门语言,只掌握这门语言的语音、词汇、语法、句法等是远远不够的,还必须理解语言与语言使用者之间的各种关系。例如,语言的字面意思和隐含意义、话语前提、说话人的意图等。语用学就是将语言本身的意义与说话人要表达的实际意义区分开来,以便真正理解并使用语言。语言运用与语言作为一个抽象系统的区别,是"意会可以大于言传",即"One can mean more than one says"。为什么会如此呢?这就是语用学需要解答的问题,就是要找出语言使用的规律。

一、语用学起源

语用学的诞生和发展是20世纪多学科影响的结果,其中,符号学和哲学被普遍认为是影响力较广的两大根源。

[①] 1977年《语用学杂志》(*Journal of Pragmatics*)创刊,被普遍认为是语用学作为独立学科诞生的标志。

"语用学"这一术语是 1938 年由著名哲学家查尔斯·莫里斯(Charles Morris)在其"符号理论基础"①(Foundation of the Theory of Signs)一文中首先提出的。他指出了符号学在统一科学体系中的基础性地位,主要包括三个研究维度,即语义(semantic)、语用(pragmatic)和语形(syntactic),并将这三个维度所对应的研究定名为语义学(semantics)、语用学(pragmatics)和语形学(syntactics),这就是人们熟悉的"Morris 三分法"。把语用学认定为研究符号与符号使用人关系的符号学分支学科,反映出符号学对语言交际本质的理解。

　　语用学兴起的第二源头,是哲学研究的发展,语言哲学家开始关注日常语言表达。语言学派②随即诞生,最初的理想语言学派(Ideal Language School)哲学家认为哲学分析的对象是形式语言和语义结构。后来,哲学家维特根斯坦(Wittgenstein)在其著作《哲学研究》(Philosophical Investigations)中,开始关注日常语言的哲学思辨,指出语言游戏中语词意义生成的复杂性来源于生活形式的复杂性。③ 维特根斯坦于 20 世纪 30 年代初期在剑桥大学讲授日常语言哲学理论时,年轻的英国哲学家奥斯汀(John Austin)也在牛津大学教授其日常语言哲学学说,创建了现代语言哲学的著名学派——日常语言学派(Ordinary Language School),并创立了语用学的基础理论——言语行为理论。

　　就在奥斯汀以说话人为中心创立日常语言学派之时,学派中的另一

---

① 奥地利哲学家纽拉特(Otto Neurath)于 1938 年主编《国际统一科学百科全书》(International Encyclopedia of the Unified Science),莫里斯当时作为第二副主编,参与撰写书中第一卷的第二部分,即"符号理论基础"的内容。

② 语言学派是一个思考和探讨人类语言结构和运用哲学的学派。语言学派强调语言在人类思维和认知中的重要性,并将其视为主要研究对象。语言学派的思想可以追溯到古希腊时期,但直到 20 世纪上半叶,语言学派才成为一个独立的哲学学派。语言学派在哲学、社会和文化领域有着广泛的影响和意义。在哲学方面,语言学派强调语言的意义和使用方式,为哲学思考提供了新的视角和方法。在社会方面,语言学派的思想为我们理解社会和文化的本质提供了帮助。在文化方面,语言学派的思想对文学、艺术和科学等领域都有着深远的影响。

③ 在维特根斯坦看来,"语言的述说乃是一种活动的一部分,或一种生活形式的一部分"。他对"生活形式"的理解,主要包括以下内容:(1)影响语言使用的社会文化因素;(2)伴随着语言结构运作的一系列心智因素(思想、心理、情感等);(3)伴随并影响语言使用的生物要素。

位哲学家格赖斯(Paul Grice)也尝试从另外一条路径介入日常语言的哲学分析。不过,与奥斯汀不同的是,格赖斯语言哲学分析路径的中心是听话人。①

由于符号学家的引介以及哲学家对日常语言运作方式的关注和考察,语用学作为语言哲学研究的新领域逐步进入哲学家的视野,同时对语言学的研究产生不同程度的影响。但是,截至20世纪60年代末,语用学仍然还是哲学研究的分支领域,语用学的研究还是哲学家们的工作。促使语用学研究从语言研究的后台走向前台,并最终成为语言学研究的合法领域的,是对预设(presupposition)的研究。预设来自德国哲学家弗雷格(Gottlob Frege)1892年发表的语言哲学经典论文《涵义与指称》(On Sense and Reference)。按照列文森(Steven Levinson)的记述,在1969年至1976年间,预设成为语言学理论聚焦的领域,原因在于预设现象对当时流行的几乎所有语言学理论(包括生成语言学理论)都提出了实质性问题(Oh and Dineen,1979)。在语义学研究中,预设研究总是与日常语言中存在的一些预设触发语(presupposition trigger)相联系。预设投射问题表明,语义学无法单独解释预设问题,还需另外一个学科语用学的参与。于是语用学作为语言学研究领域的新成员,具备了合法性。

20世纪70年代,语用学研究成了热点,言语行为理论引起了逻辑学家、哲学家、语言学家的兴趣,他们就语境、预设、会话含义等展开研究,使语用学研究上了一个新台阶。1972年,斯塔纳克尔(R. C. Stalnaker)出版的《语用学》涉及语用学应研究的指示语、预设、会话含义、言语行为和话语结构五项内容。1977年,荷兰学者范迪克(Van Dijk)在《语义学和语用学话语探索》一书中指出,语用学研究符号与符号使用者之间的关系。在任何情况下,如果语用学理论还要发展成为语言理论的一部分的话,它就必须解释语言领域里的系统现象,必须与句法和语义理论相吻合。也就是说,语用学必须规定一个包含语言普遍规则和生产、理解话语规则的

---

① 该论点的提出,体现在格赖斯的论文《意义》(Meaning,1957)之中,正式发表于1957年。

经验范畴，尤其应该对说话人在某种情景下生产出可接受的话语条件加以分析。这一理论对语用学研究起了很大的指导作用。同年在荷兰创办的《语用学杂志》期刊，是语用学成为独立学科的标志。该杂志主编哈伯兰德(Haberland)和梅伊(Mey)在副题为"语言学和语用学"的社论中指出，语用学是语言使用的科学，它的内部是制约语言使用的具体条件，它的外部是语言的具体使用及其使用者。因而，语用学是"决定语言实践（使用和使用者）的条件的科学"。20世纪80年代，语用学得到进一步的发展完善，语用学研究进入了"青年"时期。这主要表现为：语用学研究有了比较明确的方向，重点集中在研究言语行为和运用语用学方面，如话语结构和意义与语境的关系；语义学和语用学对意义的研究已有了较明显的区分，跨文化研究也开始活跃起来，语用学研究队伍得以壮大。1983年出版了语言学的两本优秀教材：列文森(Levinson)的《语用学》和利奇(G. N. Leech)的《语用学原则》。在《语用学》中，列文森对20世纪80年代以前语用学研究中出现的各种理论作了系统的介绍和科学的分析总结，设定了语用学研究的范围和内容，阐述了语用学的基本原理和方法，该书堪称第一本比较系统完整的语用学教科书。利奇的《语用学原则》勾画了语用学研究的范围，指明了语义学和语用学的联系和区别，论述了多种语用学原则和准则。到20世纪90年代，语用学研究仍不断有新的成果出现，例如，1993年梅伊的《语用学引论》、1995年托马斯(Thomas)的《言语交际中的意义：语用学概论》、1996年舍尔(Searie)的《语用学》等。国际语用学会(International Pragmatics Association, IPA)自1986年成立以来，已举办多次国际语用学研讨大会，该学会学术刊物《语用学》(*Journal of Pragmatics*)也由原来的季刊改为月刊，足见语用学研究蓬勃发展的势头。

二、语用学的定义

给语用学下定义非常之难。列文森在1983年出版的《语用学》一书中列出了九种语用学定义。他在书中指出："我们考虑语用学的一组可能

的定义,它们中的每一种都有某些欠缺或异议,但用这种方式,从各个侧面来进行探讨,至少能获得一个概观。"这九种定义为:

(1)"语用学是对说明为什么某一组句子是不规则的或者某些话语是不可能的那些规则的研究。"(P.6)

(2)"语用学是从功能的观点,即试图通过涉及非语言的强制和原因来解释语言结构的某些方面来对语言进行研究。"(P.7)

(3)"语用学应该只跟语言的使用规则相关,跟语言结构的描写无任何关系。或者援引乔姆斯基的能力和运用的区别,语用学只跟语言语用原则相关。"(P.7)

(4)"语用学既包含语言结构的语境依赖的各方面,也包含跟语言结构没有关系或很少有关系的语言的运用和理解的各项原则。"(P.9)

(5)"语用学是对在一种语言的结构中被语法化或被编码的那些语言与语境之间关系的研究",或者用另一种方式来说,"语用学是对语言和语法的书面形式相关的语境之间的相互关系的研究。"(P.9)

(6)"语用学是对未被纳入语义理论的所有那些意义方面的研究。如盖兹达(Gazdar,1979)所说,假定语义学被限定为陈述真值条件,那么语用学就是这样一种话题:它研究的是不直接涉及说出的句子的真值条件的那些话语的意义的各个方面。用公式表示,即:语用学=意义-真值条件。"(P.12)

(7)"语用学是对语言与语境之间对说明语言理解具有重要性的那些关系的研究。"(P.21)

(8)"语用学是对语言的使用者把句子跟使句子合适的语境相匹配的能力的研究。"(P.24)

(9)"语用学是对指示词语(至少是其中的一部分)、含义、预设、言语行为和语篇结构的某些方面的研究。"(P.21)

以上九种语用学定义,可以说没有一种是令人完全满意的,各自有优点和缺点。索振羽教授(2014)基于九种定义的优缺点分析,给出了一个较为合理的定义:语用学研究在不同的语境中话语意义的恰当表达和准确理解,寻找并确立使话语意义得以恰当表达和准确理解的基本原则和准则。笔者认为,该定义较全面且客观地揭示出语用学的本质特征,为国内学术界所认可,我们都是在言语交际的总框架下阐释话语意义的恰当表达和准确理解的。

三、语用学的研究范围

语用学与语言学中的众多学科都有联系。语用学定义的多样性也揭示出语用学研究内容的广泛性。语言学家从不同角度对语用学的研究范围进行了划分。

从传统语用学角度看,正如列文森在《语用学》(*Pragmatics*,1983)一书中所述,将指示语、会话含义、前提关系、言语行为、会话结构作为语用学的主要研究内容。他划分出语用学研究的英美学派和欧洲大陆学派。英美学派以列文森为代表,主要由英美语用学家组成,将语用学看成语言的分相研究,提倡语用学的分相论。他们的语用学研究被称为微观语用学(Micropragmatics)。他们把语用研究看成语言学的一部分,与音系学、形态学、句法学及语义学平行。英美学派对语用学的研究范围的划分较为严格,他们把具体语言实际运用的话题作为研究对象。指示语、会话含义、言语行为、会话结构、预设或前提等是语用学的主要研究对象。这是语用学界普遍接受的看法。而欧洲大陆学派则主张,凡是与语言的理解和使用有关的都是语用学的研究对象。他们关注语言使用的社会语境和机构语境。欧洲大陆学派将语用看成语言的综观。他们的语用学被称为综观语用学、宏观语用学。他们认为语用学不是语言学的一个组成部分,而是考察语言的功能性视角,是结合语言运作的认识、社会和文化因素的一种研究思路。因此,欧洲大陆学派指出语用学应该研究话语分析、交际中的人类文化学及社会语言学、心理语言学方面的内容。梅耶、维索尔伦是欧洲大陆学派的代表人物。相比分相论,综观论还没有为大多数人所熟悉。特别是在我国,专门从综观论进行语用研究的成果并不多,但已有学者提出了将英美学派与欧洲大陆学派的观点相结合的语用学研究观。

从当代语用学角度看,进入20世纪90年代,人们对语用学的研究范围有了新探索。《朗文语言学与应用语言学词典》(*Longman Dictionary of Applied Linguistics*)指出,语用学包括以下几个方面:"一是对说话的理解和运用与对现实世界的认识关系;二是说话者如何使用和理解言语行为;三是句子的结构如何受说话者与听话者之间关系的影响;四是语用学有时与语义学相对,语义研究意义时不考虑使用者与句子之间的交际功能。"国内外语用学学者对语用学的研究范围也有了百花齐放的论断。戴维斯认为,语用学不仅是语言学家的研究对象,也是心理学家的研究对象。他主张的语用研究范围包括说话人意义和说话人所指、指引词语、直接与间接主动行为、会话含义和关联理论、预设、语言的非直义用法等。尤尔将语用学研究范围归纳为四点:"①语用学是对说话意义的研究;②语用学是对语境意义的研究;③语用学是对如何在字面表述之外传递更多的意义的研究;④语用学是对交际者相对距离的研究。"他还指出这四个方面不是彼此孤立的,而是相互联系的。俞东明的《语用学定义与研究范围新探》(1993)在传统研究范围的基础上提出了新的语用研究范围,即语言活动类型、原型理论、语用模糊现象、语用策略,并且对这四个范围作了详细的解释。俞东明和曲政还在《原型理论与认知语用学说略》(2006)中指出:"语用学的研究范围可以增加四个范畴:话语角色类型、语用模糊与会话策略、会话活动类型、原型理论与语用研究。"陈新仁和余维(2008)结合日本语用学会的最新议题,指出语用学研究的更加广阔的视野:"①从既定的研究框架中解放出来,从实际语料中总结语用规律。②关注语用学如何可以为公共领域的生态建设做出贡献。③语言模因研究。④语用学与认知语言学的结合。"

随着对语用学研究的深入,语用学研究范围在不断变化,曾文熊谈道:"无论语用学未来如何发展,其研究范围如何变化,语用学这学科关注的始终是自然世界、社会世界、人文世界的交往意义,在其哲学层、理论层、应用层与技巧层面开展深入的研究,使人们能理性地实现传递信息,成功完成交际。"

第二节　语用学的发展

随着语用学逐渐成为一门独立的学科,其研究范围不断扩大,研究成果也不断涌现。近三十年来,语用学取得了长足的发展。语用学在与其他学科的交叉研究中表现出蓬勃的生命力。

一、国内外语用学研究概况

放眼国外语用学研究,进入成熟阶段是在20世纪70年代。80年代以后,语用学得到长足发展。1983年,列文森的《语用学》和利奇的《语用学原则》出版。1985年9月在意大利召开了国际语用研讨会。1986年成立了国际语用学会,确定《语用学杂志》《语用学和其他科学》为国际语用学会的学术刊物。学会的成立、会刊的确立和学术成果的出现及学科队伍的形成,说明语用学在这个阶段开始走向成熟并得到充分发展。20世纪90年代后期,尤其是21世纪初期以来,语用学呈现出多学科相互交叉的发展趋势,这方面的相关论题主要有:语用学与语法学、语用学与句法学、语用学与语义学、语用学与词汇学、语用学与语言习得、语用学与计算机语言学等。

从国内来看,语用学的雏形在中国早已有之,语用观早在刘勰的《文心雕龙》中就有体现,涉及语用含义、语用原则、语用策略、篇章连接等问题。但并未建立起语用学学科。自胡壮麟1980年在《国外语言学》首次介绍"语用学"以来,这门新兴的语言学科就引起了国内语言学界的重视。所以,中国语用学研究发端于20世纪80年代。中国语用学前期研究因为受国外语用学的影响,不免带上一些外来色彩,研究的独立性还没有充分发挥出来。即便如此,这一时期国内还是出现了诸如何自然、何兆熊、钱冠连、索振羽、姜望琪、左思民等研究语用学的专家学者。自20世纪90年代以来,我国从事语用学研究的学者通过多种渠道,尤其是利用国际互联网的信息交流获得了大量的语用学资讯,并及时跟踪国际语用学的最新发展,密切与国外学者交流与合作。由于对外学术联系得到加强,我国学者引进国外语用学理论的范围就更加宽广。近年来,外语教学与研究出版社和上海外语教育出版社大量地引进外国语言学及应用语言学的原版著作,这对包括语用学在内的语言学研究的普及和深入做出了重要贡献。进入新世纪,国内语用学研究取得了长足发展。首先,2003年12月,在著名语言学家何自然教授的倡议下,中国语用学研究会(今为中国逻辑学会语用学专业委员会)正式成立。之后,在研究会的领导下,语用学研究步入快速发展轨道。其次,国内语用学研究与国际语用学研究逐步接轨。标志之一,在国际语用学研讨会上,中国参会者日渐增多,影响也逐步增加。标志之二,在国外语用学专业期刊上,中国学者的稿件数量逐步增加,质量也日渐提高。标志之三,在研究课题方面,由于国内获取国外语用学研究资料日益迅捷,因此,国内学者在语用学核心课题(如礼貌理论、不礼貌现象研究、冲突性话语、语用身份建构、人际语用学等)的研究方面逐步赶上国外同行。另外,经过多年的积累,同时也为切合当前国内哲学社会科学学科体系、学术体系、话语体系建设(习近平,2016)之需要,国内学者(如陈新仁)也开始尝试构建并向国际学界推介面向汉语的语用学本土理论。对本土特色语用学理论的研究,将为国际语用学发展做出更大的贡献。

二、语用学研究成果

20世纪80年代的改革开放为我国语言学发展创造了良好的时代条件,语言学各分相学科得到迅速发展。从《当代语言学》1980年第3期上发表题为"语用学"的综述文章至今,在《外语教学与研究》《外国语》《现代外语》及其他核心学术刊物上发表的文章数量足以说明我国学者在语用学研究上所取得的成果。此外,随着何自然编著的《语用学概论》于1988年在我国出版,其他的语用学专著相继出版,如何兆熊的《语用学概要》(1989)等。虽然这些教材类著作都是以英语专业学生为目标读者,但其中都引入了汉语案例,内容丰富、信息准确。作为普及性论著,内容通俗易懂,对语用学在国内传播起到了关键作用。90年代,国内语用学在之前的基础上有了长足发展。特点之一是沿袭了国外语用学的研究课题(会话含义理论和关联理论研究等),在继承的基础上探索创新,产出大量文献。特点之二是部分学者开始尝试建立基于汉语使用和中国文化语用观的语用学理论。其中最突出的成果当属钱冠连的《汉语文化语用学》(1997)。该书以中国文化背景下的语用观和汉语语用案例为基础,创造性地提出了语用学"三带一"理论,以附着(于人的)符号束、语境和智力三种(语言外因素)干涉以及多余话面(字面)的含义为骨架建立起汉语文化语用学的理论框架(钱冠连,1997),对有本土特色的汉语语用学理论体系的建构做出了突出贡献。特点之三是国内语用学研究力量大大增强,国内高校开始招收语用学方向的博士研究生,国内语用学研究队伍空前壮大起来。这一时期的其他语用学著作还有:西槇光正的《语境研究论文集》(1992),王建华的《语用学在语文教学中的运用》(1993),社科院语言所的《语用研究论集》(1994),陈宗明的《中国语用学思想》(1997),何自然的《语用学与英语学习》(1997),陈忠的《信息语用学》(1997),张绍杰、杨忠的《语用·认知·交际》(1998)、熊学亮的《认知语用学概论》(1999)等。

进入21世纪以来,国内语用学成果又有了新发展,研究领域不断扩大,学科交叉研究趋势明显。语用学研究表现出三个主要特点:第一是研究的本土化受到重视,结合汉语实际的研究成果逐渐增多;第二是研究更加深入,研究范围扩大;第三是呈现多学科交叉的研究态势,出现了认知语用学、形式语用学、教学语用学、临床语用学等许多分支学科。这些分支学科的研究一方面扩大了语用学研究领域,另一方面也使语用学的研究内容更加丰富,更具有实践价值。另外,语用学的应用研究得到了进一步加强,大量成果得以出版,如左思民的《汉语语用学》(2000),索振羽修订的《语用学教程》(2000),朱永生、苗兴伟的《语用预设的语篇功能》(2000),姜望琪的《语用学理论及应用》(2000),康佳珑的《交际语用学》(2001),冉永平的《语用学:现象与分析》(2006),冉永平、张新红的《语用学纵横》(2007),张瑜的《文学言语行为论研究》(2009),夏中华的《语用学的发展与现状》(2015),罗国莹、刘丽静、林春波的《新编语用学研究与运用》(2020),钱冠连的《汉语文化语用学》(2020),陈新仁的《语用学新发展研究》(2021)等一批有影响的探讨语用理论及应用问题的论著。

语用研究近年来的研究兴趣还聚焦在自然语言认知和交际研究等领域,人机对话、机器翻译等研究成果具备了一定的理论意义和实践指导意义。随着新兴跨学科语用学的不断涌现,语用学研究对丰富和发展语言学的深入研究意义重大。

三、语用学的新发展视角

自1962年奥斯汀的《如何以言行事》(*How to Do Things with Words*)出版以来的60年里,语用学发展非常迅猛,特别是进入新世纪以来,语用学发展的多元化趋势和跨学科特征越来越明显,已形成精彩纷呈的研究局面。除了诸如对比语用学、跨文化语用学、语际语用学、认知语用学等相对早一些确立起来的研究领域之外,实验语用学、临床语用学、变异语用学、历史语用学、人际语用学、元语用学、语言模因学等研究领域不断兴起。

变异语用学(Variational Pragmatic)是语用学研究的一个新兴领域,与社会语言学有着紧密的联系,主要考察同语言内部由于地域、性别、年龄、民族身份以及社会经济阶层等宏观社会因素差异而引起的语言使用上的变化(Barron,2017;Barron & Schneider,2009;Schneider,2010;Schneider & Barron,2008a,2008b)。

批评语用学(Critical Pragmatics)也是语用学研究中的一个新兴领域,主要沿袭批评话语分析的研究路径与方法,采用语用学理论工具来考察社会语境中语言使用背后隐含的意识形态、价值取向、权力干预、社会偏见、欺诈蒙骗等问题,目的在于批评不恰当或不文明的语用语言方式,同时弘扬文明的语用语言方式。批评语用学着力于关注社会话语中的现实问题。国内学者开始对社会话语中的问题展开系列探索,从研究领域来看,批评语用研究目前已涉及广告话语、公共环保话语、教育话语等多个领域,体现了较强的应用性及较广泛的开拓空间。

以语用学与医学交叉为主要特征的临床语用学(Clinical Pragmatics)已经成为国际语用学研究的热点和前沿学科,已涌现大量的围绕各种语用障碍所开展的实证研究,在发展性语用障碍、获得性语用障碍、其他类型语用障碍等方面均得到长足发展,儿童孤独症、老年痴呆、精神障碍等人群的临床语用研究尤其成为热点。除此之外,库明斯(2017)介绍了该领域研究的最新的三个前沿方向:语用障碍神经方面的研究、认知方面的研究以及心理社会方面的研究。

历史语用学作为一门独立分支学科的研究始于 20 世纪 90 年代中期。1995 年,本杰明出版社出版首部以"历史语用学"(Historical Pragmatics)为标题的论文集(Jucker,1995),标志着历史语用学系统研究的开始。2000 年,《国际历史语用学学刊》(*Journal of Historical Pragmatics*)发行,历史语用学作为一门独立的学科在语用学领域获得一席之地。

人际语用学(Interpersonal Pragmatics)是一种研究人际交往的语用学视角,根源于"人际修辞"与"礼貌",其本质是多学科或跨学科的,其宗旨在于为语用学和交际及其相关领域的研究搭桥,而非创造更深的学科界限。人际语用学研究的三个领域包括:语言使用中的人际关系建构、人际情态表达和人际关系评价、与身份构建有关的社交指示。人际语用学的最终研究目标不是语言的本质而是人际关系的本质,研究的核心是交际互动中的人际关系,包括由会话调节的交际者间互动的社交关联。

元语用学(Meta-Pragmatics)是关于元语用(有时也用来指元语用现象)的研究,探讨语言使用者如何利用语言选择来组织话语、给予评价、调控理解。从广义上看,有学者将元语用学视为对语用学理论的解释和反思;从狭义上看,元语用是一种语用现象或行为,是语言使用的"元层面",反映我们作为交际者如何使用语言来谈论、监控、评价语言使用的各个方面。

语言模因论是语用学领域的一个新兴理论,是关于语言使用的一系列观点或主张。该理论提出语言模因是语言文化传播的单位,它基于人类语言行为大量模仿复制的特性,从不同层面对相关语言现象产生的外部动因和语言基础给予一定的阐释。从应用领域来看,语言模因论与翻译、二语习得和语言教学的实质和实践等领域的结合都取得了丰硕的研究成果;而语言模因在媒体语言中的运用成果尤为喜人。

语用学经过这几十年的发展,已逐渐成为理论输出学科。语用学理论被广泛地应用于描写和解释语言的使用以及言语交际的各个方面,如语言教学、语言习得、翻译、跨文化交际、语际语言研究、语言生态学、语言政策与规划以及人工智能等领域。其理论指导作用为越来越多的学者所接纳。语用学各个研究领域所取得的研究成果都可以为翻译研究提供科学的、微观的语用学分析方法。实践证明,语用学理论对于解决翻译中有关语言使用的各种问题都有较大的应用价值。正如奥斯曼(2011)所言,"在某种意义上,所有语用学的研究都是实践性的"。[1]

---

[1] Ostman, J., Introduction: Pragmatics and Praxis, in Ostman, J. and J. Verschueren (eds.), *Pragmatics in Practice*, Amsterdam: John Benjamins, 2011.

第二章 语用与翻译

　　人类发展到今天,政治呈现多极化、经济呈现全球化、文化呈现多元化的态势,都要求世界各国之间进行更加密切的交流与合作。正是这种交流与合作,蕴涵着人类对翻译的极度依赖与巨大需求。翻译对于促进人类文明与发展的积极作用,受到各国学界前所未有的重视。翻译已经从一项单纯的双语交际活动发展成为一门专业、一个学科,人们对翻译的研究更是从多个维度、多种视角来进行。从语言学、符号学、文艺学、文化学、社会学、心理学、传播学到美学等,人们运用各种理论来研究翻译与其他学科的交叉性、交融性,以不断揭示翻译的运作机制和内在规律。综观中外翻译研究,翻译理论的建立和发展都依赖其他学科的发展,并从其他学科中汲取理论养分,以充实和丰富本学科的内容。翻译研究这种拿来主义具备两面性:一方面,有利之处是它对任何学科都没有偏见,只要有用,都可以兼收并蓄,为我所用,可以避免在理论和实践上走极端,对翻译理论的迅速丰富与发展起着极大的推动作用。而另一方面,各个学科所输入的理论之间互有冲突,兼容度有限,导致理论解释上的不一致性。翻译研究所借鉴的每种理论都对翻译的本体研究的某一方面有所启发、有所认识,对翻译研究从总体上有所推动。

　　语用学是研究语言使用的学科,翻译是研究语言转换的学科,两者相结合就是语用翻译,即更注重语用语言等效和社交语用等效,要求"译者在尊重客观事实对语境影响的前提下,尽量使译文再现原文表现出的风格、社会风俗、文化习惯等信息,以获得原文读者效果和译文读者效果的一致性"(莫爱屏,2010)。何自然(1997)认为,"把语用翻译看作一种等效翻译,语用等效翻译分为语用语言等效翻译和社交语用等效翻译。原文作者的认知不可能完全等同于译者的认知,而译者的认知不可能完全等同于读者的认知,因此,译事是一种由作者、译者、译文读者组成的三元关系"。钱冠连(1997)则认为,"语用翻译的理念主要表现在:原语作者叙述语言中的隐含意图与任务话语的隐含意图必须保留在译文中"。多位学者的研究表明,语用学理论对翻译有很强的解释力。语用学各个研究领域所取得的研究成果,都可以为翻译研究提供科学的语用学分析方法。语用学理论对解决翻译中有关语言使用的各种问题都有很大的应用价值。

第一节 语用翻译研究概述

语用学翻译研究有着深层次的哲学渊源,哲学与翻译的结合绝对不是偶然,而是客观规律发展的必然趋势。解构主义的代表、法国的德里达一直认为,哲学的中心问题是翻译的概念问题。哲学起源是翻译或者是意义传译的可译性这一基本命题。语用学研究对象中的诸多因素与翻译密切相关,由此产生的语用学翻译语境论、语用学翻译过程论都极大推动了语用学翻译研究的步伐。

自莫利斯(Morris,1938)将符号学分为句法、语义和语用三个方面以来,语用学与翻译研究就结下了不解之缘。语用学介入翻译,无论是对在译文中保留原语形象的做法(直译),还是在译文中舍去或更换原语形象的做法(意译),均提供了一种具有深层意义的理论依据。语用学的一些理论研究成果,如语用推理、合作原则、关联论、顺应论、模因论等核心理论都对翻译实践有着巨大的借鉴价值。在过去的几十年里,这两门学科的发展相互促进,共同发展,所取得的成绩令人瞩目。下面我们先来简单回顾一下翻译学的发展历程。

一、翻译研究发展回顾

先来看看翻译活动的本质。翻译即在接受语中寻找与原语信息尽可能接近自然对等话语的言语交际活动(Nida,1969)。本质上看,翻译是一个明示推理的交际过程(Sperber & Wilson,1986/1995)。在翻译活动中,原文作者/说话人向译者明示自己的交际意图或目的,译者经过推理,掌握这一交际意图,然后通过目的语传达给译文读者/听话人。这三类交际主体之间的互动使得翻译活动得以成功进行。

从翻译理论研究角度看,翻译研究大致经历了三个阶段,即句法阶段、语义阶段和语用阶段。在20世纪50年代末,乔姆斯基(Chomsky)以其句法理论发动了一场语言学"革命",使翻译理论界摆脱了"翻译无理论"的传统观念,很多人开始从语言学的角度来系统地研究翻译。60年代,卡特福德(Catford)的《语言学翻译理论》(*A Linguistic Theory of Translation*,1965)正式出版,翻译学者开始重视语义研究,代表人物是奈达(Nida)。他认为,"翻译就是翻译意义",继而提出了翻译的"动态对等"或"功能对等",并从不同角度对该观点进行反复论证。至此,翻译理论研究又进入了直译与意译、可译性与不可译性的争论之中。80年代,随着学界对语用的重视,翻译进入了语用阶段。这一阶段的代表是格特(Gutt)。其在代表作《翻译与关联》(*Translation and Relevance*,2000)中提到,"翻译是一个推理的过程,关键在于如何通过推理对信息做出正确且合乎语境的解释"。语用翻译理论的形成标志着现代翻译理论从译文本身、读者反应进入了读者心理等方面的深入研究。在这个发展过程中,绝大多数时间翻译理论的研究处于前科学阶段,实质是对语言符号和信息的诠释。所以,翻译最初一直被认为是语言学的一种附庸。乔姆斯基的语言学"革命"推动翻译理论研究进入了一个科学的时期。从此,翻译理论界新论(Newmark,1981;Nida,2004;Nord,1997等)迭出,呈现一派百家争鸣的繁荣景象。翻译研究长久以来借鉴的每一种理论都对翻译的本体研究的某些方面有诸多启发,极大推动了翻译学科的发展壮大。

在翻译学科的发展过程中,不少翻译理论家做出了有益探索,这里简述其中几位的研究成果。美国著名理论家奈达将当代的翻译理论分为四个基本的流派:语文学派、语言学派、交际学派和社会符号学派。这些学派的研究理念各有侧重。根茨勒(Gentzler,1983)在其专著《当代翻译理论》(Contemporary Translation Theories)中以翻译思想为标准,根据翻译的功能和目的,将当代翻译理论分为美国翻译培训派、翻译科学派、早期翻译研究派、多元体系派和解构主义派等,并对每个流派进行了详细的探讨。我国学者谭载喜教授将西方翻译理论归纳为四大学派:布拉格学派、伦敦学派、美国结构主义学派、交际理论学派。香港著名学者陈德鸿、张南峰在《西方翻译理论精选》中将西方翻译理论流派分为六大学派:语文学派、诠释学派、目的学派、文化学派、语言学派、解构主义学派。李文革(2004)认为,从这些学派我们可以看出,当代西方翻译理论流派纷呈,带有多元多学科相互渗透、各流派翻译思想相互补充并各有侧重的特点:翻译各流派的研究角度呈现差异化、研究重心转移逐步与跨学科研究成果交互影响。翻译理论家们从不同的角度对翻译所做的概括,清楚勾勒出了翻译研究的发展轨迹,揭示了研究范式的演进转换、交锋与替代,表明了研究方法的多样性。在跨学科研究的背景下,语言学途径下的翻译研究转向了理性交往的动态的语用解释性层面:把翻译研究归结到哲学翻译交往过程、翻译本质的回归、语言使用的本质和价值等方面的研究。通过中西语用学翻译思想的对比研究,我们不但可以完善和丰富对比语言学、语用学、跨文化交际学、翻译学的基本理论,而且助推了语言研究、翻译学等学科的发展。

二、国内外语用翻译研究

在国外,最早把语用学的相关理论引入翻译研究的是哈蒂姆和梅森(Hatim & Mason,1990)。系统从事语用翻译研究的是格特。西方的语用翻译研究主要体现在基于"语用学分相论"和"关联翻译理论"两方面。我们对前者的研究比较零散,而对后者的研究则比较深入。虽然该项研究引起了西方学者的质疑,但格特的研究成果还是在西方翻译界争得了一席之地,并越来越具有研究的潜力。司徒罗宾(Setton,2005)则把关联理论和基于关联理论的翻译研究创造性地运用于口译翻译研究,并且取得了令人瞩目的研究成果。

　　哈蒂姆和梅森(Hatim & Mason,1990)认为,翻译是在一定社会情境下发生的交际过程;它是涉及文本产出者与接受者之间协商意义的一个动态过程,从预期的目的语文本可以追溯译者是如何进行译文语言选择的。译者在翻译的过程中,一方面必须透彻理解原文词语在语境中的内涵意义和隐含意义;另一方面必须在译文中忠实地对原文含义予以充分再现。他们把言语行为理论、真诚条件、格赖斯的合作原则等语用学观点引入翻译的相关研究中,提出把社会、文化因素与这些语用学概念整合在一起,来分析研究翻译中的某些现实问题。他们认为,译文不仅要在命题内容上而且要在言外之力方面达到语用等效。在语篇层面,译者没有恰当地再现原文的言语行为往往会导致译文交际的失败。语言使用者在社会结构中的权力和地位不仅会对语言形式,而且会对话语预期的言外之力产生决定性的影响。哈蒂姆和梅森(Hatim & Mason,1997)对之前的观点进行了进一步的拓展和深化,并认为译者站在动态交际过程的中心,充当原文作者与译文读者之间的协调者,一方面,译者努力克服传达原文意义时遇到的交流障碍;另一方面,译者作为原语文本的"特权"读者,他阅读原文是为了产出译文,解码原文是为了重新编码译文。

　　格特(Gutt,1991)以关联理论为理论框架,构建出一个新的理论范式,把翻译视为一个认知推理的交际过程,并视翻译研究的对象为译者大脑信息处理机制的运作过程。他把翻译解释为语际间引述(interlingual quoting),把关联理论中语言使用的描述性用法和阐释性用法运用到语际间的语境中,并且把翻译的概念界定为类似于以直接引语交际的"直接翻译"和以间接引语进行二次交际的"间接翻译"。直接翻译发生在原语文本与目的语文本在交际线索和语义表征释义相似的情况下。间接翻译发生在原语文本与目的语文本功能方面,而不一定是交际线索和语义表征描述性相似的情况下。格特感兴趣的是对直接翻译而不是对间接翻译进行理论上的解释。他认为,译文文本是与原语文本释义相似的接受语语段。他对翻译的论述隐含了这样一个观点:具有道德规范的译者,应该把原语文本中所有的交际线索阐释出来。格特从关联理论的角度深入系统地探讨了翻译的动态过程,但是西方有影响的翻译理论著作并没有收录和介绍关联翻译理论的相关研究,由此可以推断出,格特的观点或是受到了西方翻译研究学者的质疑与批评,这方面论述可参见王建国(2005)。

司徒罗宾(Setton,1999)运用关联理论研究口译,富有创见地构建了同声传译认知语用学理论(Cognitive Pragmatic Theory of Simultaneous Interpretation),其研究是近十多年来同声传译研究领域取得的一项重大突破。他从现代语言学和认知学理论角度,评述同传翻译研究现状,指出笔译和口译语料对于研究语言和思维关系所具有的价值。他试图突破阻滞口译研究的前沿性课题,即如何借鉴言语交际理论(A Theory of Speech Communication),对交际者尤其是口译者的表征现有知识和交际语境进行研究。他提出了同传翻译四原则:语用渐进原则(SI Principle of Pragmatic Incrementality)、占位原则(SI Placeholding Principle)、效能原则(Principle of Efficiency for an SI Mental Modal)、语用补偿原则(SI Pragmatic Compensation Principle)。

在国内,最早把语用学相关理论引入翻译研究的是何自然和段开诚(1988)。林克难(1994)最早把关联翻译理论介绍给国内翻译界,使得中国学者开始接触到一个新的研究视角。国内学者借鉴"语用学分相论"、关联理论、关联翻译理论、顺应理论的翻译研究,是随着这些理论在国内日益成为语用学界研究热点而逐步展开的。

在"语用学分相论"研究领域,最有影响力的观点有:何自然和段开诚(1988)认为,语用等值翻译的一个重要问题是如何做到"言外之力"等值。为此,译者必须认真研究原文语言和译文语言在表达"言外之力"时所使用的语言手段的不同之处,并注意它们所反映的社会、文化方面的差异。在翻译过程中,译者首先应该了解原文的文化背景,解读出原文话语的"言外之力",还要注意其力度与立意程度的一致。钱冠连(1997)认为,语用学可以研究翻译者在附着符号束、语境及智力干涉的参与和干涉之下,对多于话语字面的含义是如何处理的。他认为,原叙述者在叙述语言中的隐含意图与人物话语的隐含意图时，必须专注于译文。不能"没收"或取消某个语用隐含，也不必刻意添加一个语用隐含，或将原来语面上的明显示义译变为语用隐含。在语用失误、语用等效的观点与实用文体翻译相结合的研究方面，张新红(2000)以实地收集的社会语用的英译为研究对象，分析了社会语用英译中存在的各类语用失误，探讨了造成语用失误的背景和原因，并提出了一些解决方案。王银泉和陈新仁(2004)从交际信息失真、施为功能错位、语言礼貌蜕变、译文刻板不够贴切、地道等方面对标识语英译失误进行了剖析，提出了约定俗成是标识语英译中不可忽视的原则。刘建刚和闫建华(2005)对告示类文本进行了语用等效翻译研究，认为译者需要充分发挥语境作用，不仅要充分调用文本内信息，而且应根据需要适当增加文本信息，扩大认知语境，运用恰当的照应词语和标识性提示语，力争促成语用等效。陈淑莹(2006)从语用语言方面的失误和社交语用方面的失误等方面阐述了英译标识语的语用失误现象，强调标识语翻译应注重语用语言等效和社交语用等效。

在基于关联理论的研究领域，何自然(1997)最早探讨了关联理论对语用翻译的启示：通过对语境的分析，找出原文与语境间的最佳关联，从而取得理解原文的语境效果；寻找关联，要靠译者的百科知识、原文语言提供的逻辑和词汇、原文的文化背景等一些对理解原文有用的信息；译者应该处理好与作者及目的语读者之间的三元关系。赵彦春是国内较早深入研究关联翻译理论的学者之一，他认为：关联理论是一个强有力的理论，它给翻译提供了一个统一的理论框架，奠定了翻译本体论和方法论的理论基础；翻译是一个对原语(语内或语际)进行阐释的"明示—推理"过程，译者要根据交际者的意图和受体的期待进行取舍；译文的质量取决于相关因素的趋同度。张新红和何自然(2001)讨论了语用学理论对翻译研究的启发以及语用翻译的实际运用，并认为翻译的语用观实际上是一种作者、译者和译文读者之间动态的三元翻译观。孟建钢(2001)认为，作为交际活动的翻译者，在原语的理解和翻译过程中对语码的选择所依据的是关联原则，译文语篇连贯的重构过程是译文读者寻找关联的过程。马萧(2003)依据关联理论,从认知的角度对英汉话语标记语进行分析,指出在翻译过程中,译者首先要善于识别原文中的话语标记语,领会其语用用意,理顺标记语前后话语之间的关系,并注意两种语言使用话语标记的差异,灵活处理,译出其语用功能。宋旭和杨自俭(2003)以关联理论为参照,尝试建立译者对原文理解的推导模式,从认知语用学的角度描述了译者对原文的理解过程。张景华和崔永禄(2006)认为,关联理论中翻译的本质是解释性运用,而这种解释性运用蕴含了实践哲学思想。从宏观上来看,关联翻译理论与实践解释学在基本概念上具有共通性;从微观上来看,以最佳关联性为条件的解释性运用解决了翻译中解释学的基本问题。冉永平(2006)认为,翻译涉及语用维度,译者需要对信息空缺、信息断点等进行语境补缺及语用充实。一方面需要对原语进行以语境为参照的信息补缺,获取交际信息;另一方面需要对译语进行以读者为中心的语用充实与顺应,选择得体的译语形式,即寻找原语与译语之间的最佳关联,以求最大限度地实现语用等效。王建国(2009)评述了国内外关联翻译理论的研究状况,对关联理论及其翻译理论,以及翻译中的推理空间等距原则和补充原则提出了新的认识,并据此讨论了笔译和口译、回译、文化翻译、科技翻译等实践问题。

在基于顺应理论的翻译研究方面,戈玲玲(2002)较早从顺应论视角,探讨了语境关系是如何制约译者的词义选择的。她对翻译标准作出解释并论述顺应论对翻译的启示。作者对语用翻译标准的讨论落脚在"信、达、雅"和"信、达、切"上,笔者认为,这些标准是中国传统译论的翻译标准,目前好像还没有学者从语用学的角度提出语用翻译标准。宋志平(2004)从顺应理论角度审视了翻译现象及其本质,认为翻译活动是一个不断选择的过程,从译什么到怎么译,无不贯穿着社会、文化和认知等因素的互动选择机制。顺应理论不仅可将翻译理论纳入一个连贯统一的框架,而且在动态顺应、意识程度等方面的探讨,也为拓宽翻译研究的发展空间带来了诸多有益的启示。李占喜(2002,2004,2007)在顺应理论框架的基础上,尝试性地提出了文学翻译的顺应论,从语境关系顺应、语言结构顺应、顺应的动态性以及翻译过程中译者的语用意识四个相互联系的方面，对翻译过程进行了阐释与探讨。他认为，文学翻译过程是译者在目的语认知语境中进行语言选择来阐释源发语文化的过程；译者之所以能够对目的语语言作出恰当的选择，是因为目的语与源发语同样具有变异性、协商性和顺应性的特点。在顺应的过程中，译者必须使自己的翻译行为及思维运作顺应源发语与目的语双方的认知环境，只有这样，他的译文选择才能确保不同文化之间的交际活动得以顺利进行。马萧（2012）依据顺应理论，构建了"翻译适应变异论"的理论框架，以探讨翻译中普遍存在的变异现象。他认为，翻译作为跨语言、跨文化交际，必须涉及翻译变异，可以说没有变异就没有翻译。翻译变异的动因是为了适应变化了的新语境，因此，翻译适应性是翻译的本质特征，翻译变异性在翻译活动中具有普遍性。

国内外学者运用语用学理论结合翻译理论进行研究，或是借助语用学的理论对翻译现象进行阐释，取得了令人可喜的成绩。国内学者方容杰和李雯（2023）针对中国知网（CNKI）有关语用翻译的计量分析结果可以看出：从1988年到2020年，语用学视角下的口译研究成果突出，翻译策略研究不断深化，翻译研究范围更加广泛。可以说，语用翻译在国内过去三十余年的发展成果显著，研究领域也极大拓宽，语用学与翻译相结合的研究方法更多元也更加细化，这显示出语用学与翻译的落脚点都是语言的使用，也是二者共有的特性。语言使用一直存在，语用学与翻译的发展也一路前行，二者相互促进、共同发展。

三、语用学翻译学的建立与基本译观

"语用翻译"的说法在国内最早见于张新红和何自然的文章，意思是"从语用学的角度探讨翻译实践问题"。他们"把翻译活动看作语用学的研究对象和练兵场"，同时让翻译领域"检验"语用学理论。"语用翻译学"

的说法最早出现于叶苗[①]的论文中,曾文雄[②]、侯国金[③]进行了更多研究。曾文雄的专著阐明了语用学的思想渊源和各种语用翻译观,涉及诗歌翻译和文化派译观;侯国金的专著中正式提出"语用翻译学"这一术语,初步探讨了礼貌、语境、含糊等语用翻译思路。之后,李占喜[④]、黄忠廉等都研究了语用学与翻译学的相互"反哺"。侯国金在其新作《语用翻译学:寓意言谈翻译研究》中提到:"语用翻译学不仅要深化语用学及翻译学研究,更要从语用学的经典理论和新视角考察诸多翻译问题。""语用翻译学"就是要"语用地"考察各种或大或小的翻译问题。"语用"就是关注文本内外的各种语境(大小文化和大小语境)信息,意义与意图的关系,(语)形、(语)音、(语)义和(语)效四者的相互关系,意蕴与意涵的关系,本意与寓意的关系,言语与非言语的关系,生成与推理的关系,语义与语为(以言行事,即承诺、阐述、询问等)的关系,语内与语外的关系,原作、原作者和受众这三者的相互关系,译作、译者和译入语受众这三者的相互关系,交际者与媒介的关系等,远远超过了陈望道[⑤]说及修辞的"六何说"——何故、何事、何人、何地、何时、何如(说话方式),以及利奇[⑥]的"五词(语用)标准"——语境、交际者、意图、推理和行为。有"语用翻译"能力的译者,不是一拿到原作就动笔翻译,而是要通盘考察上述"宏观译事、微观译事",或者说全面研究各种"语用翻译"要素。在全球化、互联网＋、大数据时代,在推进"一带一路"时期,我们要充分、有效、精准运用好翻译这个桥梁,对外讲好中国故事,直接服务于塑造和传播我国的国际形象。从这个

[①] 叶苗.关于"语用翻译学"的思考[J].中国翻译,1998(5):10—13.
[②] 曾文雄.中国语用翻译研究[J].解放军外国语学院学报,2005(2):62—66;曾文雄.语用学的多维研究[M].杭州:浙江大学出版社,2009.
[③] 侯国金.语用标记理论与应用:翻译评估的新方法[M].成都:四川大学出版社,2005;侯国金.语用学大是非和语用翻译学之路[M].成都:四川大学出版社,2008;侯国金.语用翻译学:寓意言谈翻译研究[M].北京:北京大学出版社,2020.
[④] 李占喜.语用翻译学[M].广州:暨南大学出版社,2017.
[⑤] 陈望道.修辞学发凡[M].上海:大江书铺,上海教育出版社,1932/2001.
[⑥] Leech, G. N. Semantics: The Study of Meaning[M]. Harmondsworth: Penguin, 1974/1981.

意义上看,"语用翻译将助力中国文化走出去"。①

下面来谈谈语用翻译学的"译观"问题。如前所述,在翻译研究的发展历史进程中,语言派与文化派之间的争论一直存在。

语言派所对应的翻译观包括:"语言过程观",对应"语文学式翻译观",即强调译者的个人天赋,忽略对语言本身及其规律的研究。"语言结构观",传统研究强调语言的共性和普遍性,译者只需要掌握各种转换技巧和规律,奈达提出了独到的译观"(动态)功能等效"②,提出译者追求的是以信息、风格等为基础的诸多方面尤其是交际功能、意图、含义和读者反应的等效。这种译观包含了社会语用属性。"语言行为观",对应的是"建构(主义)翻译学"③,兼顾内部语言系统和外部语言(社会与文化规约),认为译者不必拘泥于句法问题,而应采取在语义学与语用学之间探寻意义和效果的译法。

文化派所对应的译观包括:玛丽亚·铁木志科(Maria Tymoczko)的"转喻说"认为,"忠实"不应作为翻译的标准,而应"侧重于历史时代、思想意识形态、译者文化地位等因素对翻译的影响"。苏珊·巴斯奈特(Susan Bassnett)和勒菲弗尔(Andre Lefevere)④继承发展了这一理论,提出"去原文主义",认为翻译是对原文文本的一种改写(rewriting),这种"改写论"认为翻译的改写是源于译事被政治意识形态操纵或左右。汉斯·维梅尔(Hans Vermeer)⑤作为"功能派"代表,认为翻译要服务于一定的社会目的,译者不能愚忠于原文而忽视原文或译文的交际目的,应当竭力使译文服务于译入语文化社会或团体的某种需要、目的或任务。

---

① 侯国金.语用翻译观助中国文化走出去[N].中国社会科学报,2015.
② Nida,E. A.,Language and Culture:Contexts in Translating(《语言与文化:翻译中的语境》)[M].上海:上海外语教育出版社,2001.
③ 吕俊.建构翻译学的语言学基础,援引自姚小平.洪堡特——人文研究和语言研究[M].北京:外语教学与研究出版社,1995.
④ Bassnett,Susan and Andre Lefevere. Constructing Cultures:Essays on Literary Translation[M]. Clevedon:Multilingual Matters Ltd.,1998.
⑤ Vermeer Hans J. A Skopos Theory of Translation[M]. Heidelberg:TEXTconTEXT-Verlag,1996.

语言派与文化派译观的结合,主要体现在"语用维度"。[①] 译学语言派和文化派各有所长,语言派主要从语言学视角研究原作和翻译的语言问题,涵盖音、形、义各方面及"忠实等效"再现的可能性和方法;文化派则从社会学、人类学、历史学、心理学、文学等"文化"视角来考察原作(或作者)的各种非语言意义(文化意义),并探索在译入语文化中有目的、高效地再现和传播的手段和策略。总之,两派都是讨论语言文本的翻译,都关注翻译意义和语效。

　　结合两派的译观,下面主要来探讨翻译语用学的译观,主要包含关联—顺应译观、构建主义译观和语用标记等效译观。

　　关联—顺应译观即以语用学中的关联理论和顺应论作为翻译的理论指导。国内外诸多学者分别针对关联理论和顺应论对翻译的启示做出研究。关联理论把翻译看作"译文应该是同原文释义相似的接受话语语段",翻译是"语际解释活动","最佳关联性是译者力争达到的目标,也是翻译研究的原则和标准"。[②] 关联理论使人们注意到交际(含翻译交际)的语境依赖性,在翻译中追求以关联为指向的等效交际效果。顺应论的翻译视角,包括对语言结构的顺应,涵盖语言、语码、语体、措辞、构式、句法、语义、语篇等的选择和顺应,还要力求对语言结构和语境做到双重顺应。此外,戈玲玲提出,"译文语言的选择做出动态顺应,反映交际者的意识程度,达到'信达切'的标准"。[③]

　　构建主义译观把翻译看作"译者用另一种语言对原作者用原语在他所在的社会中对他的生活世界的建构结果进行再次建构的过程",反对翻译中出现的文化霸权主义和殖民主义倾向,强调语言或语为的构成性规则和交往性规则,翻译作为一种跨文化的交往同时具有社会性和行为性。

[①] 侯国金.语用翻译学:寓意言谈翻译研究[M].北京:北京大学出版社,2020:111.
[②] Gutt, E. Translation and Relevance: Cognition and Context[M]. New York: Routledge, 2000.
[③] 戈玲玲.顺应论对翻译研究的启示——兼论语用翻译标准[J].外语学刊,2002(3):7—11.

总之，构建主义翻译学既发扬了其他译派如文化派解构论者的合理思想，又摒弃了其中的不合理因素。它在科学社会学和普遍语用学的理论基础上建立起来的译理，更加合乎科学社会学和普遍语用学的精神，在传统的语言派译论和解构派译论中间做了一定的调和，而且有不少超越之处。

语用标记等效译观提出，译文应完全再现原文的标记性，译文标记项的数目与程度应与原文的完全对等。也就是说，达到原文读者和译文读者理解程度的统一。张新红和何自然指出，语用翻译（学）就是要"运用语用学理论去解决翻译操作中涉及的理解问题和重构问题、语用和文化因素在译文中的处理方法以及原作的语用意义的传达及其在译作中的得失等问题"，"语用学的翻译观"是"一种等效翻译理论"，"更多地探讨口头语言、修辞性和艺术性语言的翻译"。这里的"等效"是"语用等效"，即把"原作的语言信息的明示意义和暗含意义""完全复制到译作之中"。侯国金（2020）认为，"语用等效"是"语用标记等效"，即译作和原作在各个级阶的标记等级或语用标记（价）值都倾向于等效，如字词、词组、构式、语句、语篇等的随意（looseness，与刻意"literality"相对）、修辞性（rhetoricality）、艺术性（artistry，与直白性相对）、可及性（accessibility，与不可及性相对）、功能性（functionality，与形式性、语义性相对）。在难以照顾"各个级阶"的等效时，应优先考虑功能性的等效。

第二节　语用学视角下的翻译研究

翻译是人们日常生活中的一种主要言语交际活动。人们在翻译活动中实施不同的言语行为，使得语用学理论可能成为其主要的解释工具之一。作为研究使用中话语的学科，语用学能够为翻译研究提供基本的理论模式和方法。用语用学的基本概念、范畴和方法来对翻译的性质、过程和方法进行分析和描述是很自然的。为了对翻译过程做出较为客观的分析，西方翻译研究者们从20世纪50年代起开始求助于语言学，通过研究语言的本质、功能、结构及其发展规律，研究翻译过程中原语的理解和译语的生成、翻译技能培养等各方面的内容，提出具有指导意义的翻译研究理论。其中，语用学介入翻译，无论是对于在译文中保留原语形象的做法（直译），还是对于在译文中舍去或更换原语形象的做法（意译），均提供了一种具有深层意义的理论依据。语用学的一些理论研究成果，如言语行为、关联理论、语境、顺应等核心理论都对翻译实践有着巨大的借鉴价值。下面，我们引用语用学中典型的理论，来解读其对翻译的指导作用。

一、指示语与翻译

指示语（deixis）是语用学的重要内容之一。话语与语境之间、说话人与受话人之间的关系都是依靠指示语才能在语言结构上表现出来的。指示语分为人称指示、时间指示、地点指示、话语指示、社交指示等。指示语的翻译要求根据语境、说话人、受话人等因素，推理出指称与所指，且需要注意文化语境的适应性。

在翻译过程中，还存在非指称性指示语，例如人名都是有具体和确定所指的，但人名的使用与宗教文化、政治、历史等均有密切关联，除了表面的所指意义外，还有深层含义、言外之意，即非表层指称。另外，在语篇衔接过程中，会使用回指和下指，就是通过使用人称指称、指示指称、比较指称、语篇指称等来照应上下文，从而形成一个意义完整的语篇。这就要求译者了解译本源语言和目标语言的指称差异和语言习惯，忠实再现原文的语篇连贯性。因此，对指示语的翻译并不是简单地由原语指示语所指时间、空间和人称对象到目的语的对等翻译，而是从原语作者所处的语境到目的语读者所处语境的映射，避免在转换过程中由于两种语言的差异及语境的区别映射而出现偏差。译者站在目的语读者的指示角度重建原信息的同时，还需避免原语语言模式的影响。

二、语境与翻译

"语境"顾名思义就是指"语言使用的环境"，或"语言交际的环境"，也可被理解成"语言表达式"在特定场合被用来表达某种特定意义所依赖的语言上下文，或依赖的主客观环境因素，包括特定的时间、特定的空间、特定的情景、特定的人物等。在语用学领域，语境是一种客观实在，由客观世界、人的意识、语言系统本身等多种因素构成，是一个统一的客观系统，而又由交际主体所主观构建。从语言使用的角度来看，语境可被分为两大类：语言语境（linguistic context）和非语言语境（non-linguistic context）。语言语境是指由词、词组和句子等语言单位在使用过程中构成的篇章内语言环境，它决定话语形式的语义取向。非语言环境是指言语事件发生在其中的物理环境和社会文化环境。然而，这两类语境并非各自独立的。语言语境是抽象符号的意义载体，是对非语言语境的抽象化和符号化；非语言语境则隐藏在符号的背后，是语言语境的根源和反映对象。

语境在翻译中的作用，纽马克（Newmark,1982）曾指出，语境在所有翻译中都是最重要的因素，其重要性大于任何法规、任何理论以及任何基本词义。在语用翻译过程中，我们应该充分考虑语境因素，并通过找到语境的关联来进行演绎推理，以准确并如实地再现原文的风格、信息等。只有正确地理解话语的语言语境因素和非语言语境因素，才能在翻译中认识、把握原语的意图，从而实现目的语话语的连贯。翻译是一种跨文化交际活动。在活动过程中，译者把原语话语中的语码在其特定语境中传递的信息用目的语语码传达给目的语接受者。翻译无论以何种方式呈现，语言、情景、文化等各种语境因素都不可避免地影响翻译。各种相关因素之所以能成为语境，是因为它们与译者的言语交际活动密不可分。原语和目的语的语言因素、情景因素、文化因素都只有通过译者来理解、构建等，才能产生对翻译的影响。

三、预设与翻译

预设称为先设或前提，是指一种潜在的已知信息，或者是交际双方共同认知的背景知识。它原本是一个哲学概念，被引入语言学后，一直是语言研究，尤其是语言逻辑研究的主要对象。由于预设的存在，话语的意义就可以被理解,交际就可以顺利进行。预设指的是交际过程中双方共同接受的命题,是使得语句或命题能够成立的条件。所以,预设并非单纯涉及语句本身的语言现象,而是说话双方的语言认知活动。也就是说,"单纯的单词和短语并不含有预设,只有说话人和听话人才有预设"(Yule,1996)。何自然和段开诚(1988)认为,语用预设是指那些对语境敏感的、与说话人的信念态度、意图有关的前提关系。曾利沙(2006)提出,语用预设根据其性质可以分为信念预设、情态预设、意图预设等。曾文雄(2007)认为,语用预设还应包括文化预设、心理预设等。

预设可以从以下角度进行分类:从语言学视角看,分为"语用预设"(pragmatic presupposition)和"语义预设"(semantic presupposition);从表现形式上看,可以分为"绝对预设"和"相对预设";从功能上看,可以分为"存在预设""事实预设""文化预设"等。语义预设涉及句子结构和表意,是纯静态的和抽象的,是从命题具有真假值的语义角度来定义的。而语用预设涉及话语与语境的关系,其特征是预设具有合适性和共知性,要求交际双方存在某种语用背景,可以共同理解和接受预设,才能促成交际的目的,是从命题和语句的具体使用并根据具体语境来定义的。

在翻译的交际过程中,预设主要表现为一种推理,是在已有的背景知识的基础上对相关的信息进行感知。对预设理解的正确与否,将影响译者对原作的理解。所以,在翻译的过程中,译者通过有关思维的运用,不断获得文本的关联链,建构连贯的信息,在这些基础上选择最佳的表达方式。预设在翻译过程中的作用体现在文本意义的传递上。译者在理解文本时,要摒弃以往实践中形成的预设,要设身处地站在原作者的视域之下,充分考虑语境因素,分析语言的内涵与外延,扩展个人预设,产出最适合的译文。在文学翻译领域,钱冠连(2002)认为,如果译者不加考虑地将所有的含义都明晰化,实际上也就剥离了双方共享的预设和背景知识,剥夺了读者想象的权利,取消了读者自己与自己、读者与艺术形象、读者与作者对话的机缘。预设作为一种特殊的语言、思维和文化现象,深刻地影响着翻译过程。我们应深入揭示其心理机制与制约因素。译者在翻译过程中应发挥主观能动性,透视语言使用的思维特征,正确认识预设的思维,置原作者和读者的预设于自己的预设框架之下,力争实现视域的融合,传达出原语的真实含义。

四、会话含义理论与翻译

语言学家格赖斯(Grice,1975)是会话含义理论的提出者。他认为,言语交际双方在使用语言时要遵守合作原则(量的准则、质的准则、关联准则、方式准则)。即双方都有相互合作、求得交际成功的意愿,所以人们普遍遵循诸如真实、充分、关联、清晰等原则。说话人遵守或是故意违反合作原则,会造成隐含意义,达到交际意图。格赖斯认为,在合作的前提下,会话双方中的一方故意违反了合作的某一条原则,同时又表明是在合作的基础上违反,那么他(她)的话语就传递了超越文字符号所表达的意义,这份需要推导出来的超额意义就是"会话含义"。陈宏薇(1995)认为,译者必须了解原语与译文之间的相异语用原则,设法沟通双语的语用意义差异,填补空缺,使原文和泽文的合作原则相一致,从而使语用意义相契合。此外,在国内,以小说、剧本、商标翻译为研究对象的课题中,均涉及"会话含义"的应用。

在翻译过程中,译者需要遵守数量准则,但必须确保能够完全传递原文信息,不能过度考虑译文读者需求而随意增加或减少原文信息。译者需要遵守质的准则,进行准确翻译,不得改动原文中的任何内容,哪怕原文中出现了错误和含糊其词的地方,译者也应当原封不动地照此传达信息。译者需要遵守关联准则,即采用符合译语规律的语言,使读者能够顺利理解译文,接收译文信息。译者需要遵守方式准则,关注译文表达方式,呈现真实的内在含义。总的来说,翻译是一种交际行为,译者必须遵守合作原则。翻译是某种社会语境下进行的交际过程。当原作者进行创作时,他是在与读者交流,而译者作为译文文本的生产者在生产文本时与原作者处于同一地位。从译者的角度看,译者在与原作者交际时,他要从作品的表现形式理解作者的交际意图。另一方是译文读者,此时译者是原作者的代言人，译文读者是听者。译者要把原作者的意图有效地传达给译文读者，使译文读者也理解原作者的交际意图，理解并接受译文。在翻译过程中，译者只有遵守合作原则，才能同时与原文作者和译文读者成功地进行交际。译者遵守数量准则，就要依据原文提供的信息量进行翻译，不随意增减信息量；遵守质的准则，就必须忠实原文原义，不更改原文内容，不允许错译、乱译；关联准则要求译者既考虑原文上下文的关联，又要考虑译文与译文读者的关联；方式准则要求译文清楚简洁，避免晦涩拗口、含糊其词或冗词赘句。如果译者违反了合作原则，那么，译者与原作者以及与译文读者的交际就不能认为是成功的。

五、言语行为理论与翻译

英国语言学家奥斯汀（Austin）提出的言语行为理论（Speech Act Theory）是普遍语用学的语言学基础。他提出了言语行为的三分说："表达性言语行为"（locutionary act）、"施为性言语行为"（illocutionary act）和"成事性言语行为"（perlocutionary act）。奥斯汀（Austin，1962）认为，语言交际的基本要求是诸如陈述、请求、命令等行为，而并不仅仅是句子。说话人通过语句和语境实施言语行为，听话人则产生交际效果，其理论的关键概念是言外之意。后来，奥斯汀的学生塞尔（Searle）提出了间接言语行为理论（Indirect Speech Act Theory），将格赖斯的会话含义理论与言语行为理论紧密结合在一起。该理论将间接言语行为分为规约性间接言语行为和非规约性间接言语行为。要理解话语的间接言语行为，首先必须了解其字面含义，随后从字面含义推断间接用意，也就是言外之意。

翻译是一种跨文化交往的言语行为，而且是复杂的言语行为，译者必须通过发掘原文的"言外之力"以明晰或隐晦的方法把这种"弦外之音"传递给他的读者。中国学者何自然（1988）讨论了"言外之力"的等值翻译；曾宪才（1993）较全面地讨论了表达性与施为性、成事性意义的翻译。李发根（1997）、曾文雄（2000）等分析了言语行为理论在翻译中的作用、言语行为与语用等效等问题，强调通过语境推导出原语的语用用意，并尊重原语作者的意向性、感情与价值观,使译语合理体现原语的语用功能。言语行为理论是翻译理论的哲学基础,语用学研究语言在语境中所表达的意图。在翻译实践中,我们必须透视一定语境下的"言外之力"。根据言语行为理论,译文应遵循话语轮换中的客观规律和它严密的逻辑思维,结合言语行为,通过语境的再创造以实现原作的价值,把原作的美全面呈现给读者。著名美国翻译理论家尤金·奈达认为,翻译是在接受语中寻找与原文信息尽可能接近的自然的对等话语。言语行为理论在翻译中的运用,实际上体现着翻译语用等效的过程。语用意有表示字面用意的明说性语用用意和表示言外之意的暗示性语用用意,翻译应力求译出原文作者要表达的真实意图,即暗示性语用用意。

六、礼貌原则与翻译

礼貌原则在语用领域,通常指布朗和列文森(Brown & Levison,1978)的"面子理论"及利奇(Leech,1983)的"礼貌原则"。该理论将面子分为消极面子和积极面子。消极面子是指不希望别人强加于自己,自己的行为不受别人的干涉、阻碍。积极面子指的是希望得到别人的赞同和喜爱。布朗和列文森认为,许多言语行为本质上是威胁面子的行为,讲究礼貌就是要减轻给面子带来的威胁,以更好地达到交际目的,满足人们的面子需求。对面子威胁行为的大小估算通常须考虑以下因素:双方的社会距离、相对权势和言语行为本身固有的强加性级别。利奇的礼貌原则包含六条准则:得体准则(减少有损于他人的观点,增大有益于他人的观点);宽容准则(减少有利于己的观点,增大有损于己的观点);赞扬准则(减少对他人的贬损,增大对他人的赞誉);谦虚准则(减少对己的赞誉,增大对己的贬损);赞同准则(减少与他人的分歧,增大与他人的共同点);同情准则(减少对他人的反感,增大对他人的同情)。概括地说,礼貌是一种非对称体,对一方礼貌,对另一方就会不礼貌。礼貌具有相对性,不同社会文化背景的人对礼貌的判别标准,表示礼貌的方式方法、遵循礼貌准则的程度均有差异。礼貌现象也是国内研究的一大热点。从整体来看,国外的礼貌研究大多以布朗和列文森的面子概念为核心的礼貌理论为框架,而国内研究则大多以利奇(Leech,1983)的礼貌原则为框架。在日常的交往中,真诚地称赞、赞美对方,会为双方交流思想和情感注入兴奋剂。人们极希望得到别人的赞扬与承认,因为,期待赞美与尊重是人类的基本心理需求。但是,在对赞美语的反应上,英汉存在着差异。在英语文化中,英美人受到赞美时,总要感谢一番,以示对发话者观点的赞同,达到求同效果,就表示了礼貌。而在汉文化中则不同,受"贬己尊人"准则的影响,中国人受到赞美时,往往是否定对方的赞美,自贬一番,以示谦虚。

就礼貌准则而言,译文尽量向读者熟悉的译语礼貌准则靠拢,使译作读起来不像是译作。但有时,为了照顾语篇结构和语气上的完整与连贯,为了保存鲜明的民族文化特色,译者也可能采用"异化"翻译策略。在翻译实践中,译者究竟采用何种翻译策略来处理与目的语文化相冲突的礼貌因素应遵循以下原则:对不属于原语文化核心而又妨碍译语读者理解的礼貌因素部分,一般采用"归化"翻译策略;对构成原语文化核心,其缺失会导致重要的原语文化信息丧失的部分,在不影响上下文和语气连贯的条件下,采用"异化"翻译策略。总之,由于礼貌是文化的重要组成部分,又是交际中不可或缺的因素,因此,在翻译实践中,必须重视礼貌因素。既要分析原文中蕴涵的原语文化礼貌特征,又要系统了解目的语文化的礼貌规范,并根据译文的语篇类型、其在译语文化中所处的地位,准确地选择适当的翻译策略来得体地传递原文的礼貌因素。

七、关联理论与翻译

1986年,斯珀伯(Dan Sperber)和威尔逊(Deirdre Wilson)在《关联性:交际和认知》(*Relevance:Communication and Cognition*)一书中提出了"关联理论"。该理论的主要观点包括:交际的目的不是让听话人复制说话人的思想,而是改变听话人的认知环境;交际的成败取决于共有认知环境的优劣。交际是一个明示(说话人)—推理(听话人)的过程,话语的理解即再现话语的关联性。关联与语境效果成正比,与处理能力成反比。

关联性越强,话语越直接,认知损耗越小,给听话人带来的压力越小;关联性越弱,话语越隐含,认知损耗越大,给听话人的压力也越大。之后,关联理论成为国内外研究的热点。较成熟的关联理论研究成果表示:语言的交际过程是认知推理的"互明"过程;交际双方之所以能配合默契,主要是因为拥有最佳的认知模式关联性。交际的受体要理解交际者的真实意图,就要找到话语与语境之间的最佳关联,达到交际的成功。人类认知过程追求以最小的认知努力获取最大可能的认知效应。人类认知往往以最大关联为取向,但在实际交际过程中,我们只能期待产生一个最佳的关联,最佳关联指的是受话者在理解话语时用尽可能小的认知努力来获得足够的语境效果,并以人类交际为取向。要取得最佳关联,必须获得足够的语境效果,而语境是一个在互动过程中为了正确理解话语而存在于人们大脑中的一系列假设,所以关联论的语境不限于现实环境中的情景或话语本身的语境。言语交际中的语境不是双方事先知道的,也不是固定不变的,而是动态的。

翻译是一种交际行为,交际的目的是交际者的意图和听者的期待,关联论把翻译看成一个语际间的明示—推理的阐释活动,是大脑机制的推理过程,是一种不同语言在语言维、文化维和交际维等多维度的交际活动。关联理论通过明示—推理提供译文最佳的语境效果。译者应根据关联论从潜在的认知语境中选择合适的语境假设,从原文的语音层、句法层、语义层和语用层等语言或交际层面中推断出原文的意图,并根据读者对象的认知语境做出合理的假设判断,以选择适当的译文,努力实现原文作者意图与译语读者的期盼吻合。在跨文化的翻译过程中,译者更应如此。正如格特(Gutt,1991)所言,我们应将那些译文读者因语境差异而不能从语义内容中推导出的暗含意义转化为明示意义,让交际者发出的信息意图能被读者识别。关联论也关注社会因素,其认知环境的信息包括百科信息,其认知环境以社会维度为先导。依据关联论,交际是一种典型的社会互动,说话人希望传递信息,而听话人则需要识别说话人传递该信息的意图,也就是识别该信息的交际意图。翻译作为一种社会交流的形式,肩负起交际双方成功交际的中介,通过这一中介,使交际双方获得同样的认知心理图。翻译中,译者应向译文读者传达原文所有可能的意义,从而保证交际的成功。翻译的成功也取决于原作者与译者之间、译者与译文读者之间能否按照原文明示,通过努力寻找最佳关联来理解原文的语境,并在译文中产生同样的语境效果,即追求"最大关联"[①]和"最佳关联"[②]。

八、语言顺应论与翻译

"语言顺应论"是比利时语用学家耶夫·维索尔伦(Verschueren)于1987年在 *Pragmatic as a Theory of Linguistic Adaption* 一书中首先提出的。此后,他又在《语用学手册》(*Handbook of Pragmatics*,1995)中对顺应论进行了比较详细和系统的再论述。1999年出版的《语用学新解》(*Understanding Pragmatics*),是他对过去二十多年语用学研究及语用学思想的总结,也标志着语言顺应论趋于成熟。关于语言顺应论,维索尔伦从两个层面对其进行了解释:第一层面是将它看作关于语用学学科性质的理论,认为语用学是关于语言顺应性的理论,是关于语言使用的语言学,是关于语言的功能性的综观,是研究语言在实际使用中如何运作的。第二层面是将它看作关于语言使用过程的理论,认为语言是一种顺应语境和交际意图的过程。"综观"是语言顺应论的总的指导思想。宏观上,它是指从认知、社会、文化方面对语言使用现象进行综合观察;微观上,它包括在语言结构所有层次上对语言的顺应与选择所作的全面、细致的考察。语言顺应论以一种新的视角来考察语言的使用,为语用学整体理论的构建提供了新的思路。

维索尔伦指出,语言具备三种特性:变异性、商讨性和顺应性。变异

---

① "最大关联"属于认知领域,即"产出的效应最大,投入的努力最小",这是从听话人角度而言。

② "最佳关联"属于交际领域,即"考虑说话人的能力和意愿的关联",这是从说话人角度而言。

性指的是语言具有一系列可供选择的可能性;商讨性指语言选择不是机械的和程式化的,而是在高度灵活的原则和策略基础上完成的;顺应性指的是语言能够让使用者在已有选项中做出变通,以满足交际的需要。语言的这三种特性相互联系又相互区别,变异性和商讨性是基础,顺应性是根本。变异和商讨为语言使用提供可能性和方式,顺应则在前二者基础上以恰当的方式在可能范围内做出符合交际需要的语言选择。这也是语言顺应论给翻译带来的重要启示。在翻译过程中,译者有意无意地对语言选择和语言顺应做出主体性表达,且受到客观语境因素的制约。译者对语言选择的顺应表现在对话语主题、话语信息结构及语境方面的顺应。在翻译过程中,译者总是处于一个不断选择目的语的过程中,译者的知识结构制约着两种语言间的互动,而交际互动中的内容、方式等又受时间变动的影响。因此,译者需要动态地顺应交际者的认知心理状态、个性特征及其他制约因素,以帮助交际者实现成功交际的目的,即翻译的成功。

  翻译的最基本问题是语言的转换,所以翻译研究必然借鉴语言学的研究成果。翻译研究之所以在跨学科研究方面不断取得前所未有的成绩,正是因为它以开放的姿态敢于运用跨学科研究成果,踏上了与现代学科融合发展的道路。当代翻译理论和实践研究必然呈现多学科综合发展、跨学科渗透、不同研究流派互补的发展态势。翻译是一种古老的艺术形式,"年轻"的语用学所提出的论点和见解将为翻译理论和实践提供重要的指导,这个过程才刚刚开始,还有很长一段历程要走。正如语用学会受到新学科、新技术(如语料库技术等)影响一样,翻译学科也会在新技术、新方法不断涌现的新时代不断革新,焕发出新的光彩。世界各国的语用学和翻译学领域的学者应当加强国际合作,不断转换研究视角,采用全新研究方法,相互促进,以显示其强大的跨学科发展生命力。

第三章 戏剧翻译研究

戏剧翻译是伴随着戏剧的跨文化交流而开始的,自 20 世纪 60 年代以来,翻译理论的发展突飞猛进,尤其是文学翻译,有了突破性的发展。然而,作为文学翻译分支的戏剧翻译,其研究一直被忽视,很少有单独的理论研究。虽然戏剧的文本翻译在某些方面与文学翻译相似,但戏剧作为一个特殊的文学体裁,其翻译方法在很多方面有特殊的要求。戏剧翻译方面的理论自 20 世纪 80 年代开始有所发展,一些戏剧领域和翻译领域的学者开始涉足戏剧翻译理论研究。

在此之前,戏剧翻译基本上是文学翻译界的学者在探讨。在国外,戏剧领域的学者(例如 Pavis,1998)将戏剧翻译研究与舞台制作联系起来,提出了"舞台翻译""剧院翻译"等戏剧翻译的术语。在本族语文化环境中,剧本被搬上舞台,还要经过导演和演员的无数次磨合和排练,正因为如此,一个剧本的舞台呈现不可能与原剧本一模一样,总会带有导演的风格和品位。文本只是文本,按照解构主义的观点,"文本之外别无他物"(Derrida,1967)。著名戏剧导演彼得·布鲁克(Peter Brook)在排演莎士比亚的戏剧时说过,很多人提议他按照剧本写的去演,但是"写下来的是什么呢?不过是留在纸上的一些符号而已"(Brook,1996)。于是,在戏剧翻译领域就存在不同的翻译类别。一种是把剧本从一种语言翻译成另一种语言,另一种是把剧本及效果翻译到目标语舞台之上。前者更多的是剧本翻译,涉及文字剧本的翻译;后者则要关注剧本的舞台效果和观众的接受度,被称为舞台翻译。20 世纪 80 年代的一些戏剧学领域的学者(如 Pavis,1989)将戏剧符号学的内容与戏剧翻译结合,提出了戏剧翻译(drama translation)、舞台翻译(stage translation)、剧场翻译(theatre translation)等概念。在国内相关研究领域，对戏剧翻译并未进行详细的类别区分。戏剧翻译主要是指剧本的翻译，专门为排演一部戏而对译本进行的改编往往不在戏剧翻译的讨论范围，更多的则是导演和编剧在剧院里进行的活动。作为文学翻译的子类别，戏剧剧本翻译与其他文学翻译类别（如小说、诗歌、散文等）显然有所不同。小说、诗歌可以翻译得非常文学化，而戏剧剧本主体是对白，多数为口语体，所以戏剧翻译即使不准备被搬上舞台，仅仅作为文学读本，也必须将对白翻译得流畅、顺口、通俗易懂。戏剧剧本翻译中，也不宜使用过多注释（即使偶有注释，也是供剧本读者阅读使用），注释对剧院的观众来说毫无意义。戏剧深深植根于民族文化之中，就必然出现一些独具特色的称呼语、指示词、谚语、典故等，这就要求译者在不使用或尽量少用注释的情况下，采取与其他文学翻译形式不同的翻译策略。

综上，需要指出的是，本章所探讨的戏剧翻译，主要集中于戏剧剧本翻译，而非舞台翻译、剧场翻译等其他类别。

随着翻译研究的不断深入，人们开始从不同的角度探讨翻译理论和翻译策略，并与多种学科相结合，如语言学、哲学、心理学、符号学、社会学、美学等。在翻译研究的所有分支中，文学翻译是一个值得深入探索的领域，而且已经取得了丰硕的成果。然而，作为文学翻译的独特领域，戏剧翻译研究却相对滞后。在戏剧翻译研究中，人们大多是从文学角度来分析和评介戏剧的翻译的，很少有人从戏剧文本本身的特性和戏剧表演的角度来研究戏剧翻译。正如古尼尔·安德曼（Gunilla Anderman）所言，"至今为止，对戏剧翻译的学术关注非常有限"（Anderman，1998）。英国翻译理论家苏珊·巴斯奈特（Susan Bassnett）也提到，"戏剧翻译研究是最复杂又最受翻译研究冷落的一个领域，与其他的文学体裁相比，戏剧翻译探讨得最少"（Bassnett，1998）。究其原因，戏剧翻译不仅涉及两种语言之间的语际转换，还需考虑译文语言的舞台性、视听性、口语性、动作性以及观众的接受性。"戏剧翻译者所面临的问题与其他形式的翻译不同，其主要困难在于戏剧文本本身的特性。戏剧翻译除了涉及书面文本由源语向目的语转换的语间翻译,还要考虑语言之外的所有因素。"(Basnett,1985)难怪戏剧翻译家把戏剧翻译形象地比作"将一根树枝从一棵树嫁接到另一棵树上",甚至有学者断言,"戏剧翻译译者的任务实际上是一个不可能完成的任务"(Wellwarth,1981)。在过去半个世纪,西方和国内的戏剧理论家和戏剧翻译家以戏剧符号学理论为指导,出版和发表了一系列有关戏剧翻译的专著或论文,提出了不少戏剧翻译理论方面的真知灼见,取得了丰硕的成果。

第一节　认识戏剧

戏剧是人类最古老的艺术形式之一,也是人类文明中非常重要的组成部分。戏剧在发展成为一种文学形式之前,只是一种表演。古希腊悲剧是迄今文化史中发现的最早的、最为成熟的戏剧。此后的两千五百多年间,戏剧文化在不同的种族、地域和时代中经历了发生、发展、停滞、繁荣的历史过程。各种戏剧形式和戏剧流派层见叠出,如宗教剧、人文主义戏剧、古典主义戏剧、现实主义戏剧、自然主义戏剧、现代派戏剧等。戏剧凭借不同的传播媒介,又衍生出皮影戏、灯影戏、舞台剧、非舞台的广播剧、电影、电视剧等。可是,究竟何谓"戏剧"?"戏剧"的概念一直使理论家们难下定论。

莎士比亚借哈姆雷特之口说,"戏剧是反映自然的一面镜子"。英国著名荒诞派戏剧理论家马丁·埃斯林(Martin Esslin)指出,"戏剧是反映社会的一面镜子"。苏联诗人、剧作家马雅可夫斯基说:"戏剧舞台不是一般地反映生活的镜子,而是放大镜。"现代戏剧在中国尤其如此,它在中国的萌芽和发展正是应社会变革之所需,满足人民群众日益增长的政治和社会生活需求;戏剧不受知识多少的限制,"虽聋得见,虽盲可闻"。[1]没有哪种文学体裁能比戏剧更能反映中国的社会和政治变迁。

---

[1] 陈独秀.论戏曲[N].安徽俗话报,1904—9—10.

一、戏剧的定义和类别

在英语中,表达"戏剧"意义的单词有三个:drama,play,theatre。Drama 一词来自希腊语,意思是"行动"。亚里士多德也认为,戏剧的起源是模仿,"史诗和悲剧、戏剧和酒神颂以及大部分双管箫乐和竖琴乐——这一切实际上是模仿"。[①] Drama 是一种表演艺术,其剧本还可以看作文学的分支,因而在文学中,drama 是"一种特殊的由演出来表现的叙事方式"(Elam,1980)。[②] 经过长时间的发展和演化,drama 又被分为悲剧、喜剧、歌剧、舞剧等。Theatre 指的是一种包含场地、演员、导演、观众、舞美等所有参与人员的一种艺术的统称,它的含义很广,包含了 drama 和 play,不仅包括语言文本,还包括演出及创作过程的所有方面。Play 是语义范畴最小的一个,强调文本。而在中文语境中的"戏剧"与 drama 的含义范畴有所不同,"戏剧"包括戏曲和话剧,而 drama 其实与中文"话剧"最为匹配。

中文里,与戏剧相关的词汇主要有戏剧、戏曲、话剧、歌剧、舞剧等。戏曲的历史悠久,是我们本土化的一种舞台表演形式。西方戏剧传到中国,被称为话剧,用之区别于以唱词为主的戏曲。也就是说,我们常说的"话剧",对应英文"drama"。所以,在中文语境中,"戏剧"这个词的含义不够明确,"在'现代中国','戏剧'这个名词的含义本来就是模棱两可、不确定的"。[③] 商务印书馆的《新华词典》对"戏剧"给出了如下定义:"文学类型的一种,由演员扮演角色,当众表演故事情节以反映社会生活。是以表演为中心的包括文学、音乐、舞蹈、美术等艺术的综合形式。"《现代汉语词典》对"戏剧"的定义是:"通过演员表演故事来反映社会生活中的各种冲突的艺术。是以表演艺术为中心的文学、音乐、舞蹈等艺术的总和。

[①] 亚里士多德. 诗学[M]. 罗念生,译,北京:人民文学出版社,1982:3.
[②] Elam K. The Semiotics of Theatre and Drama[M]. New Accents Ser. ,London and New York:Methuen,1980:98.
[③] 陈多. 由看不懂的"戏剧戏曲学"说起[J]. 戏剧艺术,2004(4).

分为话剧、戏曲、歌剧、舞剧等,按作品类型又可以分为悲剧、喜剧、正剧等。"从工具书的定义中,我们可以发现对戏剧的定义表述并不统一。笔者建议参考《中国大百科全书·戏剧卷》中对"戏剧"的定义:"在现代中国,'戏剧'一词有两种含义:狭义专指以古希腊悲剧和喜剧为开端,在欧洲各国发展起来继而在世界广泛流行的舞台演出形式,英文为drama,中国又称之为'话剧'。广义还包括东方一些国家、民族的传统舞台演出形式,诸如中国的戏曲、日本的歌舞伎、印度的古典戏剧、朝鲜的唱剧等。"

戏剧不仅概念复杂,种类也繁多。根据不同的分类标准,戏剧可以分为不同的种类:按容量大小,戏剧可分为多幕剧、独幕剧和小品;按表现形式,可分为话剧、歌剧、舞剧、戏曲等;按题材,可分为神话剧、历史剧、传奇剧、市民剧、社会剧、家庭剧等;按戏剧冲突的性质及效果,可分为悲剧、喜剧和正剧。但是,戏剧的分类不但是多侧面的,而且这些侧面有时又可以是互相交叉重叠的。如《屈原》既是悲剧又是多幕剧,既是话剧又是历史剧。即使是同样类型的戏剧,由于戏剧语言的表现状态、戏剧的内涵或戏剧文体风格的差异,又可细分为不同的种类。如悲剧又可分为社会悲剧、性格悲剧、命运悲剧以及英雄悲剧等;喜剧可进一步分为讽刺喜剧、风俗喜剧、幽默喜剧、轻喜剧等。有时甚至还可以出现两种类型的融合形式,如悲喜剧等。

二、戏剧作为文学

无论是亚里士多德的"模仿论",还是中国戏剧的乐舞论,戏剧的起源都是当众的现场表演。可以说,从一开始,戏剧的本质特征就是为舞台而存在,剧作家写剧本的第一目的就是让它被导演搬上舞台,这是戏剧的广义上的特征。随着人类文明的进步,以及语言和文字的发展,尤其是文学的进化,戏剧在演出的同时,其演出的脚本逐渐也被当作文学作品供演职员之外的读者阅读。

中国戏剧的具体产生年代虽然不可考,但有记载的戏剧表演始于唐朝。唐明皇喜欢戏曲,并专门建立了一个学习戏剧表演的地方,培养戏剧人才,这个地方被称为"梨园",学员被称为"梨园子弟"。中国戏剧从唐宋的以语言动作为主和以歌舞为主的戏剧形式发展到元代,出现了科(动作)、白(语言)、唱(歌舞)结合在一起的戏剧形式——元杂剧。元杂剧已经是比较成熟的戏曲形式,在元朝大约半个世纪的时间里,形成了中国戏曲史上第一次繁荣的高潮,并从此奠定了现实主义戏剧文学传统。因此,很多学者认为,在中国,戏剧被视为文学的一个类别是自元代始,而且元杂剧流传至今的作品也最多,元代剧作家关汉卿被称为"东方的莎士比亚"。虽然元代杂剧已经非常成熟,作品和剧作家众多,但其依然是仅限于舞台的演出形式,而戏剧剧本作为文学作品被发表并广泛阅读、被用作学校教材则是自话剧开始的。1907年,中国留学生在日本演出根据斯托夫人的小说改编的话剧《黑奴吁天录》,被看作中国话剧形成的标志。胡适模仿易卜生的《玩偶之家》创作出英文独幕剧《终身大事》,于1919年发表在《新青年》杂志第六卷第3号上,这是戏剧剧本被当作文学作品第一次正式发表,剧作家开始从幕后走向台前。1934年,曹禺发表《雷雨》,"把西欧现在戏剧手法成功地移植到中国的土壤"[1],其发表轰动了国内剧坛;次年他又发表了《日出》,深刻揭露资产阶级生活方式对人的腐化。这些作品都标志着我国话剧文学体裁的成熟。

另外,话剧作为文学体裁的地位,还体现在戏剧期刊的创办。1952年《剧本》创刊,成为中国第一本以发表剧本为主的刊物。1954年,我国第一份戏剧综合刊物《戏剧报》创刊,成为戏剧理论和戏剧批评的主要载体。同年,《剧本》杂志出版了《戏剧翻译专刊》,介绍苏联的优秀剧本,是戏剧文学和戏剧翻译文学发展和成熟的标志。"戏剧要想真正具有生命力,必须首先是文学。"[2]

戏剧剧本的大规模发表和出版,让更多的读者能够欣赏和研读剧本,

---

[1] 佐藤一郎,语载田本相、邹红.海外学者论曹禺[M].广西师范大学出版社,2014:48—61.

[2] Montrose J. Moses ed. Dramas of Modernism and Their Forerunners[M]. Boston: Little, Brown and Company, 1936:11.

不仅意味着戏剧文学的成熟和地位的上升,而且使戏剧翻译研究更加有据可依。在此之前,戏剧的跨文化交流都是以演出为主,很少有人关注翻译的剧本,戏剧译本也因此无法真正进入译入语的文学系统。可以说,戏剧翻译研究成为可能,戏剧作为文学体裁进入译入语的文学系统,是与剧本的发表和戏剧地位的上升分不开的。戏剧的演出和剧本的发表成为两个并行的领域,在戏剧面临衰退的时期,剧本却成为文学研究的一部分被阅读、被讨论、被翻译、被传播。戏剧成为严肃文学的一种,为戏剧翻译研究提供了理论上的支撑。笔者将研究的重点放在文本翻译,即将戏剧翻译看作文学翻译的一种,考察文本翻译过程中的翻译规范、翻译策略,以及影响这些翻译策略的社会和政治等原因;对于专门针对剧院演出的译本情况,不作重点探讨。

三、中国戏剧的外译与传播

中国戏剧历史悠久,是全世界最精致的戏剧形式之一,对世界戏剧都产生过深远的影响。史学家们认为,中国戏剧在元代发展成为成熟的艺术形式,元代是中国戏剧文学史上一个伟大的时代,元杂剧也成为元代的最高文学成就。戏剧的对外传播,也是始于元代。根据孟伟根(2017)的研究,中国戏剧外译分为以下六个时期:发轫期(1735—1840年),发展期(1841—1936年),转折期(1937—1948年),兴盛期(1949—1965年),瓶颈期(1966—1976年),繁荣期(1977年至今)。笔者在此研究基础上,对中国戏剧的外译情况作简要论述如下。

在发轫期,中国古典戏剧首先被翻译也是成就最高的,是元杂剧《赵氏孤儿》。该剧18世纪被法国传教士马若瑟(Father de Premare)翻译成法语,开启了其在欧洲的传播之旅,其后经历了多次转译与重译。之后,伏尔泰对该剧加以改编,修改剧名为"中国孤儿",这一改编本后又被转译成多种欧洲语言,对欧洲的观众和戏剧界产生了巨大影响。18世纪,随着法国启蒙主义思想传入俄国,中国戏剧也随之在俄国大热。1759年,俄国剧作家苏马罗科夫(A. Cymapokob)从德译本转译了《赵氏孤儿》,并发表在俄国杂志《勤劳蜜蜂》上，俄文版首次出现。《赵氏孤儿》于18世纪先后被译成法文、英文、德文、俄文版，而且在意大利和波兰也出现了该剧的改译本。除了欧洲，中国戏剧在北美和亚洲地区的外译也有相当的发展。1767年，由英国人亚瑟·墨菲改编的《赵氏孤儿》在美国费城索斯沃克剧院(Southwark Theatre)上演，英文剧名为 *The Orphan of China：A Tragedy*，标志着中国戏剧首次登上美国舞台。[①] 美国对中国戏剧的译介起步较晚，之后随着美国汉学的兴起而逐渐兴盛起来。当时，美国汉学研究主要有两个支流：一是来华传教士的汉学研究，以侨居地英文期刊《中国丛报》(Chinese Repository)为代表；二是美国本土的汉学研究，以美国东方学会(American Oriental Society)为研究团体。在亚洲地区，18世纪初，中国戏曲底本开始传入日本，伴随着中国古典戏曲传入日本，日本的戏剧文化深受中国影响，在自身发展与成熟过程中受到中国戏剧艺术的熏陶。18世纪末19世纪初，中国戏剧文本开始在朝鲜和越南等其他亚洲国家出现，但基本上仅限于文本传播，改编译本的传播无法与欧美相比，这种情况一直延续到20世纪初才有所改观。

发展期是一个充满动荡的时代，中国戏剧的外译却持续繁荣发展，译者身份变得多样化，不再局限于传教士、外交官和外国学者，中国学者、海外华人和中国本土翻译家等都加入了中国戏剧的翻译行列。外国译者作品层出不穷，如卫三畏(Samuel Wells Williams)译元杂剧《合汗衫》(1849)，威廉·斯坦顿(William Stanton)译粤剧《何文秀》(1889)和《金叶菊》(1899)，詹姆斯·拉弗译元杂剧《灰阑记》(1929)，查尔斯·巴德(Charles Budd)译京剧《打金枝》(1913)和《钓金龟》(1913)等；中国译者的作品，如所姚莘农译《雷雨》(1936)和《打渔杀家》(1936)，熊式一译《王宝钏》(1934)和《西厢记》(1935)，林语堂译《子见南子》等。另外，这一时期的翻译剧本种类更为多样化，对中国戏剧的研究角度也从世俗介绍层面转向了学术性研究层面，一批有关中国戏剧研究方面的论著陆续出版，

---

① Williams, D. Misreading the Chinese Character: Images of the Chinese in Euroamerican Drama to 1925[J]. Asian Thought and Culture, 2000(40).

如庄士敦（R. F. Johnston）的《中国戏剧》（*The Chinese Drama*，1921）、凯特·芭丝（Kate Buss）的《中国戏剧研究》（*Studies in the Chinese Drama*，1922）、祖克（A. E. Zucker）的《中国戏剧》（*The Chinese Theatre*，1925）、阿灵敦（L. C. Alington）的《古今中国戏剧》（*The Chinese Drama: From the Earliest Times until Today*，1930）等。中国戏剧在欧洲、亚洲、美洲的译介传播都异常活跃起来。在法国，路易·拉卢瓦（Louis Laloy）翻译了马致远的《汉宫秋》和《黄粱梦》两部戏曲剧本，苏利埃·德·莫朗（Soulie de Morant）翻译了《西厢记》，留法的中国籍学者李治华翻译了《忍字记》《破家子弟》，徐仲年的译著《中国诗文选》中收录了《汉宫秋》《窦娥冤》《牡丹亭》等剧的片段翻译。在英国，1852 年，汉学家艾约瑟（Joseph Edkins）编译的《中国对话》（*Chinese Conversations*）出版，收录了所译京剧《借靴》（*Borrowed Boot*）；1874 年，乔治·卡特·司登得（Geroge Carter Stent）编译了《汾河湾》（*At the Bend of Fen River*）；1913 年，查尔斯·巴德（Charles Budd）所译的《打金枝》（*Beating the Golden Bough*）、《钓金龟》（*Catching a Golden Tortoise*）相继出版；1934—1935 年，熊式一英译的中国戏剧《王宝钏》（*Lady of Precious Stream*）和《西厢记》（*The Romance of Western Chamber*）影响力都十分大。在德国，1866 年，德国学者克莱因（J. L. Klein）出版的译著《戏剧史》（*Geschichte des Dramas*），收录了元代武汉臣的《老生儿》、李行道的《灰阑记》；到 1925 年，阿尔弗雷德·汉斯希克（Alfred Henschke）改编了德译本《灰阑记》（*Der Kreidekreis*），出版当年就被搬上舞台，演出大获成功，该剧在德国广泛流行。在日本，明治年间，日本汉学家对中国戏剧的研究就获得了令人瞩目的成就，《西厢记》《琵琶记》《桃花扇》《窦娥冤》等著名戏剧都得以出版；到 19 世纪末 20 世纪初，日本有关中国戏剧研究的成果迭出，在日本汉学界产生了非常大的影响，如 1891 年森槐南在《早稻田文学》上发表了《西厢记读方》，详细介绍了中国戏剧等。

在转折期，在民族解放旗帜下的戏剧运动蓬勃开展，毛泽东同志"在延安文艺座谈会上的讲话"为戏剧与工农兵的结合指明了方向。整个抗日战争期间,话剧进入了一个空前普及和繁荣的发展阶段。尽管战火影响了中国戏剧的对外译介传播,却无法彻底阻挡中国戏剧的外译工作。1938年,姚莘农翻译的独幕剧《出发之前》(When the Girls Come Back),向西方展示了中国人民一致抗战的英雄事迹,揭露了日军暴行,鼓舞了抗战斗志。同年,《远东镜刊》(Far Eastern Mirror)同时刊登了三部抗日题材话剧的英译版本:丁玲的《重逢》(An Unexpected Reunion)、宋之的《黄浦月》(Moon over Whangpoo)和倪平的《北平之夜》(A Night in Peiping)。1939年,《远东杂志》(Far Eastern Magazine)发表了李满贵翻译的三幕话剧《复活的国魂》(Devils Unleashed),该剧歌颂了中国军民热血抗日的爱国情怀。1941年,上海商务印书馆出版了顾宗沂(Ku Tsong-nee)等人编撰翻译的《中国现代戏剧》(Modern Chinese Plays),该书收录了20世纪20年代极具代表性的6部中国现代话剧。同期,元代和清代经典戏剧的英译蓬勃发展起来,越来越多的海外学者参与中国戏剧的编译,如哈罗德·艾克顿(Harold Acton)翻译《牡丹亭》中的《春香闹学》,还与陈世骧(Chen Shih-hsiang)一起翻译了《桃花扇》等。这一时期,由中国人自主创办的传播中国文化的《天下月刊》(T'ien Hsia Monthly)诞生,作为本土创办,在亚洲、欧洲、美洲等各地发行的学术性及普及性刊物,向西方国家介绍了中国戏剧的基本知识,刊登了多部名剧的译文和评论,对中国戏剧的对外传播意义非凡。

  1949年中华人民共和国成立,标志着中国戏剧外译进入兴盛期。中国与外部世界的文化交往日益扩大,翻译事业也得到蓬勃的发展,新成立的人民政府高度重视翻译工作,建立了翻译局等专门机构,将翻译工作列入议程。此时的中国已有能力组织大规模的译事活动。20世纪50年代开始,以英文版《中国文学》杂志为主要载体,相关部门组织了一批国内外翻译家翻译许多中国文学作品,但戏剧翻译所占的比例并不高,该杂志所译的中国戏剧也主要是"样板戏"。据统计,国内主要的对外翻译出版机构——外文出版社所出版的英译戏剧仅有 29 部①,而我国翻译出版的外国戏剧作品却多达 1 270 部②。与此状况形成鲜明对照的是,国外对中国戏剧的译介和研究呈现出繁荣的景象,出现了不少优秀的中国戏剧译作和研究中国戏剧的专著,同时涌现了一大批中国戏剧的研究者与翻译者。在英国,1954 年,汉学家弗朗西斯·休姆(Frances Hume)根据儒莲的法文本转译的《灰阑记》(*The Story of the Circle of Chalk*)英译本出版;1955 年,休姆又根据儒莲的法文本转译了元杂剧《赵氏孤儿》,英译本改名为《雌雄兄弟》(*The Two Brothers of Different Sex: A Story from Chinese*);1957 年,位于英国伦敦的春天书局(Spring Books)出版了英国汉学家卡尔沃多瓦(Kalvodova-Sis-Vanis)所著的《中国戏剧》(*Chinese Theatre*);1961 年,安妮·威廉姆斯(Anne Chang Williams)编译的《戏剧大全》(*Plays From Far and Near*),内收中国元杂剧《盆儿鬼》(*The Black Basin*)和《王昭君》(*The Palace Lady*);1964 年,莱明(Lai Ming)所编的《中国文学史》(*A History of Chinese Literature*)一书在伦敦出版,内收曹禺的话剧《雷雨》(*Thunderstorm*)第四幕。在美国,1954 年,威廉·欧文(William Irwin)和西德尼·霍华德(Sidney Howard)合译的《琵琶记》(The Lute Song)出版;1956 年,Mei Ch'ien 所译的 *The Rickshaw Boy*(根据老舍小说《骆驼祥子》改编的戏剧)由哥伦比亚大学出版社(Columbia University Press)在纽约出版;1962 年,詹姆斯·柯润璞(James I. Crump)所译的元杂剧《李逵负荆》(*Li K'uei Carries Thorns*);1964 年,伊恩·克劳克兰(Ian McLachlan)所译的京剧《赵氏孤儿》(*The Orphan Chao*)得以连载;1965 年,唐纳德·基恩(Donald Keene)所译的《汉宫秋》(*Autumn in the Palace of Han*)出版;1966 年,詹姆斯·柯润璞(James I. Crump)所译的杂剧《潇湘雨》(*The Night Rain of Autumn*)发表。在苏联,中国古典戏剧陆续被译成俄文传播开来。索罗金节译的《窦娥冤》刊登在《外国文学》(1958 年第 9 期)上;吉什科夫翻译《十五贯》;等等。

---

① 倪秀华. 建国十七年外文出版社英译中国文学作品考察[J]. 中国翻译,2012(5):21.
② 何辉斌. 新中国外国戏剧翻译与评论的量化研究[J]. 文化艺术研究,2014(4):113.

1966—1976年这一特殊时期的戏剧对外翻译,被称为"非常时期的非常翻译"。① 这期间译者的翻译能动性和译作的多样性都受到禁锢,中国戏剧经历了一个停滞期,大批翻译工作者和学者被列入"崇洋媚外"和"反动权威"的行列,翻译活动被迫终止。作为"文化大革命"的成果,"样板戏"成为这个时期中国文化输出的主要产品。京剧《红灯记》(*The Red Lantern*)、《智取威虎山》(*Taking Tiger Mountain by Strategy*),芭蕾舞剧《白毛女》(*The White-haired Girl*)、《红色娘子军》(*The Red Detachment of Women*)等由外文出版社以英文全文翻译到国外。

1977年粉碎"四人帮"之后,党中央在文艺界进行了拨乱反正,倡导文艺繁荣的"百花齐放、百家争鸣"方针,中国戏剧外译进入繁荣期。进入80年代,我国戏剧舞台出现一大批创新剧作,开始形成全新的创作潮流。如沙叶新的《假如我是真的》,被多次翻译成其他语言,收录进国外出版的译文集和相关著作。1983年,美国学者耿德华(Edward Gunn)编写《二十世纪中国戏剧选》(*Twentieth Century Chinese Drama: An Anthology*),收录了胡适的《终身大事》(*The Greatest Event in Life*)、夏衍的《上海屋檐下》(*Under Shanghai Eaves*)、李健吾的《青春》(*Springtime*)、杨绛的《风絮》(*Windswept Blossoms*)、吴晗的《海瑞罢官》(*Hai Rui Dismissed from Office*)、沙叶新等的《假如我是真的》(*If I were Real*)等16部中国戏剧的英文译本。美国汉学家许芥昱(Kai-yu Hsu)和王廷(Ting Wang)编译的《中华人民共和国之文学》(*Literature of the People's Republic of China*),收录了老舍的话剧《茶馆》(*Tea House*)第一幕和何述的《新局长到来之前》(*Before the New Bureau Director Came*)等译本。80年代国外译介有代表性的中国当代戏剧译本非常少见。一直到90年代,中国戏剧成规模发展开来。随着中外文化交流的深入,中外戏剧交流范围逐步扩大,中国的戏剧作品不断走向世界,对外译介逐渐兴盛,众多戏剧翻译选集得以出版。1996年,美国翻译家余晓玲(Shiao-ling Yu)编

---

① 谢天振.非常时期的非常翻译——关于中国"文革"时期的文学翻译[J].中国比较文学,2009(2):23.

写出版《"文革"后的中国戏剧选 1979—1989》(*Chinese Drama after the "Cultural Revolution", 1979—1989: An Anthology*),收录了 2 部中国传统戏剧和 5 部现代话剧,包括《徐九斤升官记》(*Xu Jiujin's Promotion*)、《潘金莲》(*Pan Jinlian*)、《狗儿爷涅槃》(*The Nirvana of Grandpa Doggie*)等名剧。1997 年,张佩瑶(Martha P. Y. Cheung)和黎翠珍(Jane C. C. Lai)合作编写出版《牛津中国当代戏剧选》(*An Oxford Anthology of Contemporary Chinese Drama*),收录了八九十年代中国创作的 15 部优秀戏剧译文。进入 21 世纪,中国戏剧作品翻译是 20 世纪 90 年代的延续和发展,在量上有增长,戏剧研究的成果逐渐丰硕,超出了戏剧作品译本的发展。关于戏剧研究的内容将在后一节作详细介绍。2001 年,美国汉学家西利尔·白之(Cyril Birch)翻译并出版了明朝传奇故事《娇红记》(*Mistress & Maid*),次年翻译出版汤显祖的《牡丹亭》(*The Peony Pavilion*);2002 年,洪江和加拿大学者齐慕实(Timothy Cheek)联合翻译并出版李龙云的五幕话剧《小井胡同》(*Small Well Lane: A contemporary Chinese Play and Oral History*);2004 年,霍华德(John Howard-Gibbon)翻译了老舍的《茶馆》(*Teahouse: A Play in Three Acts*);值得一提的是,2004 年,美国学者陈凡平(Fan Pen Chen)翻译了七部中国传统皮影戏,这是第一部中国皮影戏的英文翻译选集。2010 年,陈小媚编著的《哥伦比亚中国现代戏剧选集》,收录了 1919—2000 年间中国出版的 22 部流行戏剧的译文;2014 年,汪榕培领衔翻译了《汤显祖戏剧全集》,收录了《牡丹亭》《邯郸记》《南柯记》等主要剧目。21 世纪以来,中国戏剧外译工作受到前所未有的高度重视,被纳入国家战略工程。"大中华文库""国剧海外传播工程""中国文化著作翻译出版工程""中国文学海外传播工程"等项目的落地实施极大推动了中国戏剧对外译介与传播。

第二节 戏剧翻译研究涉及的主要问题

戏剧翻译从出现以来一直伴随着种种矛盾。戏剧翻译不仅仅是文字的传译,还涉及戏剧的舞台性本质。戏剧翻译不仅涉及两种语言之间的语际转换,而且需考虑译文语言的舞台性、视听性、口语性、观众的接受性以及语言的动作性。

戏剧译文语言作为戏剧文学翻译主要的构成符号,与普通语言符号既有一定的联系,更有重要的区别。首先,它必须具备普通语言符号的最基本的功能,即语义学的功能。由于承担着组织戏剧行动、塑造人物形象的任务,戏剧译文语言必须能够被观众所接受,这样才能完成戏剧译文文本最终的使命。其次,戏剧译文语言还必须实现双重超越:一个是由普通语言符号到戏剧语言符号的超越,另一个是由普通的戏剧语言符号到审美的戏剧语言符号的超越。前者要求戏剧译文语言不但要具有可进行具体分析的语义内容,而且必须富有强烈的行动性,富有动作性、形象性、时空性等特点,从而为舞台表演奠定基础。后者则更进一步要求戏剧译文语言以诗性的审美功能为创作准则,从而使译文语言富有韵律感和节奏感。就戏剧翻译研究来说,首先需要了解一系列基本理论问题,如戏剧翻译的特点、标准、对象,还要把控可译与不可译的界限等,接下来一一进行解读。

一、戏剧翻译的特点

戏剧翻译既具备文学翻译的共性,又有自身的特点,这种特点是由戏剧本身的舞台性特质所决定的。戏剧翻译区别于其他文学体裁的翻译,安东尼·维泰兹(Antoine Vitez)提到,"优秀的翻译已经包含了舞台性。理想的译文应该能掌控舞台演出,而不是相反"。[①] 作为文学翻译的分支,戏剧翻译无疑与一般的文学翻译有着共通之处,要遵循一般的文学翻译准则。然而,戏剧翻译毕竟在更大程度上受制于戏剧艺术本身的特殊性。戏剧是融合了语言、音乐、文学、舞蹈、绘画、雕塑等的综合艺术,以其独特的视听冲击力和艺术感染力带给观众无与伦比的享受。因此,在戏

---

① Vitze A. Le Devoir de Traduire[J]. Theatre/Public,1982(44).

剧翻译中也要力求展现戏剧的这些特点。就戏剧翻译而言，即时性和大众性也使得戏剧翻译不同于一般文学作品的翻译。一般的文学作品的文字是印在纸上的，读者可以反复阅读，戏剧语言在舞台上的呈现转瞬即逝，这就要求戏剧翻译通俗易懂。此外，一般的文学作品有着不同的文学架构，文字有深浅难易之分，对读者的文化有着不同层次的要求，而戏剧表演是一门大众的艺术，是提供给观众欣赏的。这就要求戏剧的语言符合广大观众的文化水平，易于被广大观众所接受。综上，我们可以总结出戏剧翻译的以下几个特点：综合性、视听性、瞬时性、动作性、无注性、简洁通俗性、人物性和时代性。

（1）综合性。戏剧创作的目的主要是为舞台演出服务，所以戏剧翻译的服务对象是剧院观众，而诗歌、散文和小说翻译的服务对象则主要是读者。翻译的戏剧作品能成功地搬上舞台，是剧作家、翻译者和所有演职人员共同辛勤努力的结果。戏剧翻译还要受哲学、美学、语言学、文化学、社会心理学等多种因素的影响。"戏剧翻译者如果忽视了戏剧综合性的特点，忽视了纯文字系统以外的所有其他系统，就可能陷入严重的危险之中。"（Bassnett，1980）正如戏剧翻译理论家阿托宁（Aaltonen，2000）指出的，"对戏剧系统之间文本转换的研究需要一个学科间的框架，这样戏剧翻译才能得以很好地分析，其成果才能在众多学科的背景下加以理解。在这些学科中，首先使人想到的是翻译研究、戏剧研究、文化研究、文学研究、交际研究和语言研究。在跨越文化障碍时，所有这些都能为戏剧文本的研究提供独特的视角"。

（2）视听性。文学作品是书面文字的艺术，而戏剧作品是视听性艺术，观众在听到演员说话的同时，还看到演员的表演，还有舞台布景的各种变化，以及音乐和音响效果等。对戏剧翻译者来说，最重要的是要认识到演员的对白与表演两者之间的密切关系。这两者是一个完整的统一体，后者对前者不仅起着辅助性的作用，也起着制约性的作用。演员的对白受演员说话时的动作、音调、节奏、停顿等多种因素的制约。戏剧观众既可以看见舞台上人物的表演，又能听到演员的声音，但由于受时间与空间的限制，舞台上的布景与道具是相对静态的，其作用相比影视作品中背景的作用要小得多，这样戏剧中听的成分就大于看的成分。在戏剧对白翻译中，要时刻想着戏剧翻译的这一特点，演员的对白转瞬即逝，所以戏剧译本应能让观众一听即懂，还要符合观众的鉴赏水平，这些都是译者应特别注意的问题。

（3）瞬时性。戏剧对白是有声语言。没有听懂就无法重复聆听，没有理解也没有机会反复思考，否则就会影响后续话语的理解。因此，戏剧翻译必须流畅通顺、含义清晰，使观众能通过视听的方式来感受戏剧魅力。英若诚在《茶馆》译本的序言中提到："演员赋予舞台语言以生命，剧本上的台词变成了活的语言，使观众得到巨大的艺术享受。但是，在剧场里，这种艺术享受也是来之不易的。一句台词稍纵即逝，不可能停下戏来加以注释、讲解。这正是戏剧语言的艺术精髓。"（老舍，1999）这充分阐释出戏剧翻译的瞬时性特点，对译本也提出了更高的要求。

（4）动作性。戏剧是动作性的艺术。在所有的艺术形式中，戏剧的动作性最强，因为动作是戏剧塑造人物、表现现实生活的重要手段，通过动作吸引观众并与之交流。语言必须体现人物的行动趋向，才能推动剧情发展。因此，戏剧译文语言除了用于角色叙事和抒情，更要表达人物行动的愿望，抒发情感，从而使观众可以通过人物语言来理解角色关系和剧情发展，与原作者共情共振。此外，戏剧的动作性还表现在译文语言必须揭示人物的内心活动上。在剧本中，人物的行动一般包括外部的形体动作与内部的心理动作两方面。因此，戏剧译文语言除了把人物的语言作为推动剧情的引发因素外，还应展示人物丰富复杂的心理。如英若诚所言，"作为一个译者，特别是翻译剧本的时候，一定要弄清人物在此时此刻语言背后的'动作性'是什么，不然的话，就可能闹笑话"（老舍，1999）。戏剧语言本身与其动作性内涵密不可分，这一典型特质直接影响观众的理解与感受。

（5）无注性。戏剧剧本兼具可读性和可演性，其最终目的是舞台演出。一般来讲，文学翻译通常采用文外加注的方法进行处理，但戏剧演出文本的翻译根本不具备这种可能性,剧本中涉及文字游戏、双关、典故等特有的文化现象时均不可能在文后加注进行解释。由于剧本文字在舞台上稍纵即逝,译者更多要考虑的是舞台效果,无法做到一字不漏地呈现所有文化内涵,要将需要加注的内容在文内进行内化处理,这种无注性对译者语言驾驭能力的要求更高:"戏剧翻译是用笔译的方式寻求口译的效果。"①

(6)简洁通俗性。戏剧的舞台性决定了戏剧语言的通俗性和间接性。文学作品的读者一般需具备一定的文化程度,而戏剧观众的构成较为多元,要老少皆宜、雅俗共赏,译者就必须站在观众的视角,尽量使译文通俗易懂,便于理解。另外,戏剧演出还会受时间、空间等因素的影响,要求在有限的时间内用通俗的语言来表现戏剧的思想内涵,充分刻画人物形象,这样一来,通俗精炼的戏剧语言就成为刚需。戏剧语言中有叙事旁白,人物刻画还需要辅以动作、道具和舞台布景来呈现,这就在很大程度上减轻了文字语言的任务,也使得戏剧语言的简洁成为可能。所以,戏剧翻译力求语言的精炼简短、明晓流畅、通俗易懂,使观众易于理解。

(7)人物性。戏剧语言的人物性,要求剧中人物的语言必须符合角色的身份和个性。戏剧语言是塑造人物的重要手段,剧作家无法通过客观描述来强化人物形象,无法解释人物的思想和行动。因此,人物语言本身就要有说服力,能够全方位体现人物的性格特质和心理活动,以此来刻画人物形象。舞台上的戏剧语言要符合人物所处的时代背景、生活环境、身份阅历等,这些都凸显了戏剧译文的人物性特点。

(8)时代性。戏剧的时代性是戏剧保持其旺盛生命力的一个十分重要的因素。戏剧与时代的关系并不是笼统的、无所不包的,而是具体的、有着特定内容的。某一类的戏剧分别对应着某一个特定的时代,一个时代有一个时代的戏剧。既然任何一种戏剧都是由特定的时代所造就的,那么在具体的戏剧翻译时,只有把它放在其产生的特定时代背景之下,才

---

① 刘肖岩.语用前提与戏剧对白翻译[J].外语研究,2001(2).

可能对它有一个正确的认识和理解。戏剧的时代性表明,"译者不仅要读懂字里行间的意义,而且必须考虑到,戏剧语言是其时代的语言"(El-Shiyab,1997)。

二、戏剧翻译的标准

关于翻译的原则和标准一直是翻译理论家们热衷讨论的问题之一。人类自从有了翻译活动,就没有停止过对翻译原则和标准的探寻。在中国,自古代佛经翻译时期的文质之争,到近现代的直译与意译、归化与异化之辨;从严复的"信、达、雅"三字标准到围绕"信、达、雅"所展开的长期争论;从林语堂的"忠、顺、美",鲁迅的"宁信不顺",到梁实秋、赵景深的"宁错勿顺",瞿秋白的"信顺统一";从以傅雷为代表的"神似"或"神韵"说、钱钟书的"化境"论,到现当代的翻译标准多元互补理论,围绕着翻译的原则和标准所进行的研究和讨论可谓长盛不衰,所发表的文章著述不胜枚举。西方同样如此,自西塞罗区分解释者的翻译和演说家的翻译开始,就揭开了直译、字译、活译、意译、与原作竞争、忠实原作之争的序幕。从德莱顿的翻译三分法,坎贝尔和泰特勒的翻译三原则,以卡特福德、费道罗夫、巴尔胡达罗夫等为代表的对等标准,奈达的动态对等、功能对等和读者反应论,到功能翻译理论家莱斯提出的"把翻译行为所要达到的特殊目的"作为翻译批评的新模式和解构主义者认为"译文是原文生命的延续,原文并无确定的意义内容,译文决定原文"的观点,翻译的原则与标准问题历经了漫长的讨论、争执与演变。

无论是国内还是国外,形形色色的翻译原则和标准无一不试图高度概括出既能够使翻译活动有章可循,又可用来衡量翻译质量的法则或准则。它们对翻译本质特征的不同看法是显而易见的。它们均从各自的角度出发阐述自己的标准观,因此各有所长、各有所短,都有其存在的理由与意义。目前对翻译原则和标准的探讨有一个明显的趋势,即大家都认为,对不同文本类型的翻译应遵循不同的翻译标准。如德国功能派,把翻译原则分为两类:一是适用于所有翻译过程的普遍原则;二是特殊翻译情形下使用的特殊原则。这种分类法比较符合实际,因为交际的形式各有差别,文本种类又各有不同,用统一标准来衡量翻译显然过于笼统。总的翻译原则和标准是所有翻译活动应遵守的基本原则,是翻译活动要追求的最高目标,各类翻译皆是如此。然而,不同交际形式、不同文本体裁的翻译,还应该有自己特有的翻译标准,或者说次标准。如科技作品以信息的准确传达为主,诗歌以意境表达为主,而戏剧翻译除了要遵循翻译的基本原则外,还有要适合舞台演出的特殊翻译标准。

20世纪60年代,汉贝格(Hamberg,1969)为戏剧翻译者概括了戏剧翻译的原则。他提到:"戏剧是行为艺术……,必须刻画说话者的性格才显得真实;必须表示时间、空间和社会阶级的特性;它不能含糊不清;它应得到充分的重视,或者说我们应给予其充分的重视,以便把观众的注意力引向理想的方向……流畅自然的对话在戏剧翻译中是至关重要的,否则的话,演员就不得不为听起来矫揉造作的台词而艰难地挣扎。"

20世纪70年代,在《戏剧文本翻译》一文中,格拉维耶(Gravier,1973)也阐述了戏剧翻译的原则和标准。他提到:"翻译者不应忘记,戏剧文本的话语按正常速度说出时,观众只能听到一次。……因而,每一个隐喻都必须是清晰明了的。"

20世纪80年代,韦尔沃斯(Wellwarth,1981)同样归纳了戏剧翻译者应遵循的原则:"戏剧翻译者必须要有话语节奏,尤其是口语节奏的意识,还需具有在新的上下文中创造戏剧紧张而不歪曲剧作者意图或丧失戏剧可信性的能力。……戏剧语言必须使观众听起来流畅、熟悉。"翻译理论家巴斯奈特也提出:"与小说和诗歌的翻译者不同,戏剧翻译者必须遵循两个标准:一是'可演性',二是翻译文本本身的功能。"巴斯奈特在描述了"可演性"对于实现戏剧翻译的重要性后指出:"戏剧文本的结构内部包含了一些可演性的特点。如果'可演性'被看作戏剧翻译者的先决条件,那么翻译者就必须判断,哪些结构适宜表演,然后译成目的语,即使译文会发生一些重大的语言和文体的变化。这就是戏剧翻译者与其他类型文本翻译者的差异所在。"(Bassnett,1980)还有一位翻译学者斯克里特

(Zuber-Skerritt,1988)也对戏剧翻译的原则提出看法:"用于表演的剧本必须是可演和可读的。因此,非语言和文化方面的因素,以及舞台演出的问题都必须加以考虑。……戏剧翻译中,观众必须熟悉戏剧语言,以便能瞬即理解其意义。"

可见,戏剧翻译的原则和标准主要是提出了理论上的宏观解决方法。在实际戏剧翻译实践中,不管是两种语言之间的翻译,还是为不同类型的观众而进行的相同语种之间的翻译,抑或不同人物话语的翻译,翻译者都可能采取不同的翻译策略和方法。为了解决诸如此类的问题,从20世纪90年代至今,戏剧翻译家和译者开始从戏剧翻译的具体策略和方法的角度来研究戏剧翻译的现象。与纯理论的戏剧翻译原则和标准不同的是,这些研究更具有实用性和描述性。换句话说,他们不再规定戏剧翻译者应该怎么做,而是通过戏剧译本在舞台上的实践与比较,分析和研究戏剧翻译的行为方式和舞台的实际效果。

三、戏剧翻译的对象

戏剧翻译的主要对象是戏剧文本,包含了中心主题,抒发了一定的思想感情,具备完整的组织结构和语言表达形式。翻译活动之所以区别于其他语言活动,就在于翻译是依据原文文本产生译文的过程,如此一来,翻译活动就要涉及两个文本。译著所依据的文本称为源语文本,即第一文本,它是作者创作活动的产物,同时又是译者进行翻译活动的主要客观依据。译者根据源语文本进行翻译,最终产生的文本称为译语文本,即第二文本。它实际上是原文的一个复制品,同时又是翻译活动的最终目的。

然而,"戏剧翻译者所面临的问题与其他形式的翻译不同,其主要困难在于戏剧文本本身的特性。戏剧翻译除了要涉及书面文本由源语向目的语转换的语用翻译,还要考虑语言之外的所有因素"(Bassnett,1985)。也就是说,"戏剧翻译的现象超越了戏剧文本语言翻译的有限现象"(Pavis,1992),因此戏剧翻译活动比其他翻译活动所涉及的文本要复杂得多。帕维斯(Pavis,1989)依照文本从文字转换向舞台演出乃至观众接受的过程，认为戏剧翻译要涉及六种文本：①源语戏剧文本。②书面译文文本。③介于源语文本和演出文本之间的文本。在这种情况下，译者既是读者，又是剧作者，他的任务是对将要翻译的文本内容进行选择。④用于舞台表演的译文文本。⑤被导演和演员搬上舞台的翻译文本。⑥被观众接受的戏剧翻译文本。这几个文本互为因果、相互促动，形成一个动态的循环过程。

就文学翻译而言，诗歌、散文和小说翻译的服务对象是读者，而戏剧翻译则与此不同。戏剧是一种独特的文学艺术，其独特之处在于戏剧翻译的主要目的是搬上舞台，为观众演出，其次才是让人们私下阅读和欣赏。剧本的创作目的主要是用于舞台演出，这就决定了戏剧翻译的服务对象也应是剧院观众。鲁迅曾说："剧本虽有放在书桌上的和演在舞台上的两种，但究以后一种为好。"（鲁迅，1976）不能拿到舞台上演出的剧本是不成功的。既然戏剧翻译的服务对象是作为一个集体的观众，观众的兴趣范围非常广泛，这就要求戏剧翻译文本既要适应观众的需要，又不降低水准。作为戏剧文本的译者，必须考虑到戏剧体裁的独特性和局限性，考虑到译语观众的欣赏水平和整体的文化背景。

戏剧翻译不仅涉及两种语言符号系统之间的语际转换，还涉及语言之外的其他各种因素。戏剧文本本身的特性使得戏剧翻译比其他文学形式的翻译更为复杂。戏剧翻译不能仅从书面文本角度进行翻译，更重要的是，要考虑文本使用者和观众的需求，要考虑戏剧的舞台性、视听性、口语性以及语言的动作性。戏剧翻译还应力争使译语文本在译语文化中实现与原语文本文化功能的等值。戏剧译文语言作为戏剧文学翻译主要的构成符号，与普通语言符号既有一定的联系，更有重要的区别。首先，它必须具备普通语言符号的最基本的功能，即语义学的功能。由于承担着组织戏剧行动、塑造人物形象的任务，戏剧译文语言必须能够被观众所接受，这样才能完成戏剧译文文本最终的使命。其次，戏剧译文语言还必须实现双重超越：一个是由普通语言符号到戏剧语言符号的超越，另一个是由普通的戏剧语言符号到审美的戏剧语言符号的超越。前者要求戏剧译文语言不但要具有可进行具体分析的语义内容,而且必须富有强烈的行动性,即富有动作性、形象性、时空性等特点,从而为舞台表演奠定基础。后者则更进一步要求戏剧译文语言以诗性的审美功能为创作准则,从而使译文语言富有韵律感。

戏剧翻译本身也具备多学科性,所以推动戏剧翻译理论和实践研究的有效途径在于,翻译者和语言学家、文学家、剧作家和导演、演员等要一起合作,共同研究戏剧翻译的特殊性,探索戏剧翻译的规律。"这样的合作不仅在实际的戏剧翻译中,在发展戏剧翻译理论中也卓有成效。"(Anderman,1998)

四、戏剧的可译性

戏剧既是一种文学艺术,又是一种表演艺术。也就是说,戏剧兼具可读性和可演性,戏剧译本不但要通顺、达意、易于阅读,而且要朗朗上口、易于表演。可见,戏剧翻译具有很大的难度。戏剧翻译研究仍然陷于"迷宫"(labyrinth)之中,在基于阅读和表演两种不同目的的翻译之间纠缠不休,并由此引发对可演性(performability)、潜台词(subtext)、可读性(readability)文化顺应(adaptation)与文化移植(acculturation)等戏剧翻译问题的争论。

戏剧的另外一个特点,即可演性和文化附载性的并存,导致了戏剧翻译中的又一矛盾:适应舞台演出的文化移植与原文化特征的忠实传递。戏剧是一种独特的语言艺术,以舞台演出为目的,同时蕴涵着许多文化信息。戏剧翻译应将这两方面考虑在内:既要保证译语文化环境中的可演性,也要传递源语文化的典型特征。于是,为适应舞台演出而作的文化移植与原文化信息的传递就成为戏剧翻译中的一对典型矛盾。戏剧翻译从出现以来一直伴随着种种矛盾。"虽然翻译问题,尤其是文学翻译的问题已经得到一些共识,但戏剧翻译,特别是用于舞台演出的翻译却并非如此,它需要考虑舞台性。"这就是说,"戏剧翻译的现象超越了戏剧文本语间翻译的有限现象"(Pavis,1992)。正如乔治·穆南(Mounin,1963)所说,"具有表演性的戏剧翻译不是语言的产物,而是戏剧行为的产物"。戏剧翻译不仅仅是文字的传译,而且涉及戏剧的舞台性本质。在戏剧付诸舞台表演的过程中,导演、演员、现场观众等都是影响戏剧翻译的因素。戏剧翻译不仅涉及两种语言之间的语际转换,而且需要考虑译文语言的舞台性、视听性、口语性、观众的接受性以及语言的动作性。这就是说,"戏剧翻译除了要涉及书面文本由源语向目的语转换的语间翻译,还要考虑语言之外的所有因素"(Bassnett,1985)。

因此,戏剧可译性问题历来是争论不休的难题。苏联翻译理论家费道罗夫在《翻译理论概要》(1955)一书中提到:"可译性问题是整个翻译理论中最原则性的问题。"翻译理论必须解决这个最为原则的问题;否则,一切翻译理论都无从谈起。翻译中的"可译性"是指"双语转换中源语的可译程度"(刘宓庆,1999)。意大利翻译学教授大卫·卡坦(Katan,2004)认为,对等翻译存在"两种极端的观点:一种认为任何东西都可以丝毫无损地翻译出来,另一种观点认为没有东西可以丝毫无损地翻译出来"。前者无限地夸大了翻译的可能性,后者又过分地缩小了翻译的可能性,都不可取。美国文学批评家和翻译学家乔治·斯坦纳(Steiner,1998)针对有关可译性的争论,作了如下评述:"语言理论对于翻译是否可能这一问题,特别是对于不同语言之间的翻译是否可能的问题具有决定性的影响。在语言理论的研究中存在着两种针锋相对的观点。一种观点认为语言的底层结构是普遍存在的,而且是共同的。人类各种语言的不同之处主要在于表层。正因为那些在遗传、历史、社会方面根深蒂固的东西都可以在人类使用的每一种语言中找到,所以翻译是可能的。……另一观点认为,所谓普遍存在的深层结构不是无法从逻辑和心理方面考察,就是极其抽象、极其笼统、无足轻重的。……后者得出的结论是:真正的翻译是不可能的。人们称之为翻译的,只是一种近似物,是一种粗糙的复制品,如果涉及的两种语言或两种文化有共同的渊源,译作就是可以勉强接受的。如果涉及的是两种相去甚远的语言,译作就完全不可靠了。"

然而,大多数翻译理论家认为,语言之间是可译的。这种可译性建立在人类语言的共性和文化的共性之上。但由于人类各种语言和文化存在着差异，甚至存在冲突和空缺，因此翻译有其局限性。这种可译的局限性是基于语言和文化的个性之上的。卡特福德（Catford,1965）谈及可译性限度时说："在完全翻译中，会出现语言的不可译性和文化的不可译性两种情况。前者指译出语与译入语之间存在着形式上的差异，在译入语中无法找到等值成分；后者指原文的情景在译入语中不存在，从而导致文化的不可译性。"刘宓庆（1999）认为，"源语与目的语都反映共同的外部世界，因此双语之间存在着广泛的共性，思维结构存在着同构关系，因而存在着可译性。但是，这种同构关系是相对的，可译也是相对的"。由于思维方式、语言结构和民族文化的差异，语际翻译中源语与译语之间的转换出现了障碍，从而产生不可译现象。刘宓庆（1997）还把语际翻译中的障碍归结为五个方面：语言文字结构障碍、惯用法障碍、表达法障碍、语义表述障碍和文化障碍。包惠南（2001）将可译性限度分为三类：语音语法的可译性限度、修辞手法的可译性限度以及民族文化的可译性限度。

总的来说，当今翻译界占主导地位的是可译性观点。从文本整体的角度来讲，可译性是成立的。同时应该辩证地看待可译性问题。一方面，不应该因为文本整体的"可译性"而忽视文本局部的"不可译性"；另一方面，也不应该由于文本局部的"不可译性"而对文本整体的"可译性"持怀疑态度。"可译性"和"不可译性"是一个问题的两个方面，不应将两者绝对对立起来。不可译性是个相对概念，是相对于可译性而存在的，对不可译性的讨论只是为了更好地认识翻译的可译性。这个观点对戏剧翻译同样适用，但是戏剧翻译与其他文本类型的翻译还是存在着一些本质的区别，戏剧翻译的可译性问题相对更复杂些。

戏剧是一种特殊的文学形式，主要是为舞台演出服务的。因此，戏剧翻译受舞台艺术和演出时间与空间的限制。巴斯奈特（Bassnett,1985）指出，在翻译戏剧时，译者面临的不仅仅是静态的剧本，而且要考虑剧本潜在的"动态表演性"，也就是说，戏剧翻译既要忠实于原剧，也要注重舞台上的直接演出效果。但另一方面，戏剧是一种综合性艺术，戏剧文本只是这个综合体中的一部分，戏剧大量叙事与刻画人物的任务是由戏剧副语言和超语言的成分来承担的。换言之，其他类型作品的叙事与刻画人物的任务主要由文字文本本身独立完成，而戏剧作品的叙事与刻画人物的任务则是由人物语言和其他非语言成分共同分担的。这些非语言成分为戏剧语言补充了大量信息。这就在很大程度上减轻了人物语言在叙事与刻画人物方面的任务。也就是说，人物语言与其他戏剧成分之间存在着互补性。由此可见，相比之下，戏剧作品的文字文本语言没有其他类型文字文本语言那样复杂烦琐，所含的信息量也相对少一些。此外，在具体的翻译过程中，如果出现不可译因素，戏剧作品的文字文本较之其他类型文字文本增加了多个参照系统。正是这些非语言的参照系统，对戏剧文本中的不可译因素向可译因素的转化起着至关重要的作用。戏剧文本的不可译因素不仅可以在整个文本中通过补偿、替代、变通等手段得以解决，而且人物语言与非语言信息之间的互补性可以进一步为该问题的解决提供有利的条件。

五、国内外戏剧翻译研究

与任何类别的翻译历史一样，戏剧翻译也是从戏剧的产生开始的。有了戏剧，就有了戏剧翻译。在人类文明史上，古希腊是戏剧的摇篮，最初的戏剧翻译也是从古希腊戏剧开始的。虽然翻译理论，尤其是文学翻译理论，自 20 世纪 70 年代之后获得了突飞猛进的发展，但是关于戏剧翻译的研究并没有多少进展。"当以文本类型为主的翻译研究大量涉及诗歌翻译问题的时候，戏剧依然是最被忽略的领域。"(Bassett，2010)导致这种现象的原因，是戏剧本身的双重属性，即"剧本与其演出之间的辩证关系"(Bassett，1991)，剧本需要舞台实现其使命，没有演出过的剧本因而常常被看作是"不完整"或"部分实现"的。20 世纪 70 年代中期以前，戏剧翻译的研究基本上被纳入文学翻译研究的范畴。与其他文学作品的翻译研究一样，西方对戏剧翻译的讨论主要局限于使用规定法的研究方式对戏剧翻译文本进行比较分析，探究译文与原文的等值问题。戏剧翻译研究一直是以摒弃接受者的能动参与为标志的，也一直忽视影响戏剧翻译的诸多因素。在此基础上构建的戏剧翻译理论无不强调，翻译只不过是一种表现各异而殊途同归的"复制"，或者说是忠实或创造性地再现作者/文本意图的一种跨语际转换。"长期以来，（戏剧）翻译都被理所当然地认为是语言文字的转换。"(Snell-Hornby,1995)70年代中期以后，戏剧翻译开始朝着描述法的研究方向发展。美学、符号学、心理学等领域的发展对西方戏剧翻译研究产生了很大的影响。一些戏剧理论家和戏剧翻译家开始从不同的理论角度探讨和研究戏剧翻译问题。

在国外，随着翻译研究范围的不断扩大和延伸，自20世纪80年代开始，一些戏剧领域的学者和理论家开始研究戏剧翻译，这些学者从戏剧符号学或剧场演出的角度讨论戏剧翻译，总结起来，这些讨论主要集中在两点：一是戏剧文本与其演出之间的关系；二是译者的任务，即译者应不应该对舞台演出负责。戏剧文本的双重属性是公认的事实，一方面可以当作文学作品来阅读，另一方面还需要制作成舞台作品。戏剧文本与其用于演出的剧本之间的辩证关系，是戏剧翻译讨论的焦点之一。在戏剧领域，一种观点认为，剧本本身不是完整的存在，只有实现了演出才是完整的。同时认定有一套符号和体态语言的系统隐藏在剧本的字里行间，并据此认定在翻译戏剧时，也要把这些隐藏的符号表达出来，即戏剧翻译必须考虑舞台指示。另一种观点认为，戏剧译者所面对的剧本与其他文学体裁一样，最大的困难也是文学翻译中的困难，如文化专有词、双关语、隐喻等，至于舞台演出以及如何演出，则是导演和演员等剧作人员的工作。可以看出，持第一种观点的学者主要来自戏剧领域，持第二种观点的学者主要来自文学翻译领域。戏剧译者该不该对译本的演出负责，需不需要把这些被认为潜在的体态语言在译文中有所传达，即要让译文具有"可表演性"，是戏剧翻译两派观点讨论的核心。下面来详细介绍两大派系的主流观点。

第一种观点的代表人物，如朱伯·斯克里特（Ortrun Zuber-Skerritt），他认为戏剧翻译是翻译研究的一个特殊领域，研究的重点应该是译文被搬上舞台的过程,因此他对戏剧翻译的定义是将原文转换(trans-position)到目的语文化的舞台,他提倡建立"戏剧翻译学"(Drama Translation Science)来指称这个翻译转换过程,以便在翻译研究领域划出一个专门分支。"戏剧翻译学"的对象必须既是用于舞台演出的剧本,又是每一次剧院的演出。他根据罗斯(Rose,1981)提出的六个翻译步骤[①],认为戏剧翻译应该在第七步才开始,即将译本转换到舞台的过程。法国戏剧理论家帕维斯(Patrice Pavis)也持类似观点,主要集中在《舞台翻译的问题:跨文化主义和后现代戏剧》一文之中。他认为:"戏剧翻译,尤其是以舞台调度为参考的舞台翻译,还远远没有得到认可。"(Pavis,1989)文本翻译只是舞台演出多个构成元素之一,戏剧翻译必须将导演和演员的工作也融入其中,译者要与导演、演员等人员合作,因为"真正的翻译发生在舞台调度的整体层面"。此外,萨库·阿尔多伦(Aaltonen,2000)从戏剧表演和目的语文化的角度分析了戏剧翻译的特点和翻译策略。她认为,剧本翻译与剧场翻译是不一样的概念,剧场翻译是戏剧研究的一部分,而不是翻译研究的一部分,虽然两者在努力地结合。剧场翻译是将剧本从源语文本翻译成供演出的剧本的过程,在这个过程中,起主要作用的是目的语的文化。她将原语剧本和译文比作出租屋,译者和导演等人是房客,他们可以按照自己的需求和喜好对房子进行装修,也就是目的语文化对戏剧文本进行的各种改写。从目的语文化的立场来说,外国戏剧的翻译和选择,总是受与戏剧美学或社会功能相关的各种历史和社会环境的影响,戏剧翻译从来都是受接受方的自我中心主义驱动的活动。目的语文化为了自身考虑,在翻译外国戏剧时会采取融合、尊重、改写、抵抗、颠覆等策略。查特林(Zatlin,2005)持相同观点,她以自己多年的戏剧翻译的经历和经验,宣称戏剧翻译的目的就是演出,戏剧译者与剧作家一样,需要在舞台工作,她引用马里翁·彼得·霍尔特(Marion Peter Holt)的话来表达个人观点,"我翻译的每一部剧,可表演性自始至终都是我的主要目标",即

---

① 六个步骤简述为:①分析原文,②分析原文文体和内容,③将原文转换为目的语,④重新组织译文,⑤译者分析译文,⑥熟悉原文的第三者对译文进行审校。

可表演性是译者的最高目标。"为了翻译出朗朗上口的对白,戏剧译者可以对原文进行改编,并且也是这么做的。"(Zatlin,2005)查特林从实践的角度,认为戏剧翻译是需要合作的事业,这些合作方包括作者、改编者(注意不是译者)、导演、演员、出品方、出版社等,并且给出了戏剧翻译中一些常见的实用方法和建议,包括获得翻译权、熟悉目的语国家的剧院术语和风格、采用合适的译文格式、注重人物名和礼貌称呼语的处理、改编等。除了上述几种观点外,也有比较折中的观点只就戏剧文本的翻译方法做出论述。例如,纽马克(Newmark,1988)在《翻译教程》中,将戏剧文本放在严肃文学中讨论,指出译者在翻译戏剧文本时,应该考虑观看演出的观众。戏剧译者有很多限制,不能像小说译者一样使用注释,也无法对双关语、歧义句和文化进行解释等,剧本的译文必须简明扼要,不能过度翻译(over-translation)。另外,译者还需要区分剧本的潜台词,并在译文中体现出来。译者只有把剧本翻译成现代语言(现代语言的时间跨度大致是70年左右),才能让人物生动起来;译者不需要对演出本和阅读本进行区分,只需在后记里照顾不同的读者即可;译者应尽可能地将比喻、暗指、专有名词等放在译文中,而不是直接意译。纽马克认为,"剧本的翻译必须进行较大改动",甚至认为,"将剧本从源语转换到目的语的文化中时,它就已经不再是翻译,而是改编"。

从戏剧表演性的角度看,以上观点都值得肯定,但在具体实践中很难实现。首先,要实现译者和剧院的合作就困难重重,尤其是中国戏剧的英译。因为如果译者是母语译者,那么要实现戏剧的跨文化交流就需要译者到国外剧院去,先排除外在的物理条件是否许可,有没有必要就是一个值得考虑的问题。即使是在源语国家的舞台,戏剧导演在排戏的过程中,也很少需要剧作家本人到场合作。

第二种观点的代表人物是苏珊·巴斯奈特,不过她的观点也经历了前后截然不同的转变。在戏剧翻译的研究中,巴斯奈特从20世纪80年代开始,就连续不断地发表戏剧翻译方面的文章,探讨翻译问题。80年代初,在《翻译研究》的第一版中,她将戏剧文本的翻译作为一个文学体裁单独进行讨论,指出剧本的翻译不应该等同于散文翻译,因为剧本要实现其舞台演出才能称得上是完整的。而用于舞台演出的剧本与用于阅读的剧本是不同的,前者涉及超语言符号,如韵律、音调以及手势等。因此,如果要求译者在翻译时把可表演性当作前提标准,就是在要求译者采用不同于其他文类的翻译方法。译者的任务是要区分剧本的结构特点,进而决定翻译策略。巴斯奈特认为,戏剧翻译增加了文学翻译问题的复杂性,作为译者来说,首先要考虑文本的功能,不仅要考虑文本的表演性,而且要考虑它与剧院观众之间的互动关系。80年代中期,她的观点有所改变。1985年,她发表了《穿越迷宫:戏剧文本的翻译策略和方法》一文,认为戏剧译者面临着其他类型译者所没有的困难,因为戏剧翻译涉及很多非语言问题。虽然有的剧作家写剧不是为了演出,但总的来说,剧本与其演出本之间存在难以割裂的关系,正是这种关系导致了译者的两难境地。译者常常被要求用符号系统里的标准来对待文本,而这几乎是不可能完成的任务。她据此提出五种戏剧翻译常用的方法:①把戏剧文本当作文学文本;②将源语文化背景当作框架文本;③翻译"可表演性"(performability);④用不同的形式翻译诗剧;⑤合作翻译。在这五种方法中,最后一种合作的方式是效果最好的。这个翻译过程中,译者至少要与一个人合作,要么是熟悉源语的人,要么是熟悉目的语的人,也可以是剧院方面的导演或演员。这种翻译方式,可以解决演出中诸如演出习俗、观众期待等一系列问题。"可表演性"这个概念存在诸多问题,是一个模糊不清、没有定义、无法定义的质量标准。1991年,巴斯奈特发表《戏剧翻译:可表演性的反面案例》一文,再次否定了"可表演性"概念。她认为,戏剧翻译问题至今面临困境的原因,是没有搞清楚戏剧文本与其表演之间的关系。舞台表演中的空间和体态语言的概念一直被认为是剧本不可分割的一部分,这个观念是导致戏剧翻译困境的原因,是要求译者"不可为而为之"。对"可表演性"的定义,最后都沦为对译文韵律是否流畅的讨论,最终的结果是"每个译者对可表演的文本都各自有一套不同的标准"。文本所暗含的动作,只属于某个特殊的历史时刻,并不具有普遍意义。巴斯奈特最后指出,戏剧翻译未来的研究,应该是两个主要的分支:一个是戏剧翻译的历史学研究,以便跟上散文和诗歌翻译史的研究;另一个是进一步考察现存剧本的语言结构,彻底抛开后自然主义那种认为文本演出至上的戏剧观的桎梏。1998年,她再发《依旧陷于迷宫:再论翻译与戏剧》一文,提到源语剧本的读者和阅读方式的多样性,其中译者的阅读是最与众不同的,因其主要任务是将原文译成另一种语言,需要关注源语剧本语言中的冲突,进而找到解决之道,并非要寻求译文的"可表演性"。她认为,潜台词(话外之音)是文化不可分割的特征,并不具有普遍意义。戏剧译者的任务不是去挖掘源语剧本的深层结构和话外之音,而是去关注原文的文本符号,如指示语单位、话语韵律、停顿与沉默、音调或语域改变、语调模式等问题。

综观上述两种观点,一方认为戏剧翻译要考虑舞台演出,必须与导演、演员等剧院工作人员合作,"戏剧翻译就是要把源语剧本转换到目的语的舞台"(Zuber-Serritt,1988)。另一方认为戏剧翻译就是文本翻译,译者的任务是处理与文本相关的各种语言和文化问题,而不是去关注译本在舞台演出时的问题,戏剧剧本也不存在所谓的潜在动作文本,即使真的存在,也是属于某个特殊的时代和特殊的表演观,不具有普遍性,"不能单方面地用作戏剧译者的翻译策略"(Bassnett,1991)。争论的根源有两个原因:一是源于戏剧这种艺术形式的特殊性。虽然小说也有被拍成电视剧或电影而登上荧幕,但是并没有引起文学翻译的困惑和争论,戏剧最初作为一种舞台和现场表演的艺术形式,发展到后来剧本被广泛阅读,成为一种文学形式,便有了戏剧翻译的各种争论。二是源于戏剧翻译研究者的学术背景差异。帕维斯是符号学家,最近几年开始关注戏剧翻译,关注的重点是戏剧文本被转移到舞台的过程和舞台演出的接受效果。巴斯奈特是翻译学家,是翻译研究的文化学派,这一学派的主要目标是解释翻译现象以及在目的语语境中的变化。由此可见,学者们都专注于各自领域进行研究,交流不足,无法达成共识。"戏剧研究和翻译研究,这两个最与戏剧翻译相关的学科一直都没有成功地结合起来。"①到 21 世纪,西方出现了一大批戏剧翻译理论家,他们出版和发表了一系列戏剧翻译的专著或论文,提出了不少真知灼见。英国翻译理论家彼得·纽马克(Peter Newmark)在 *A Textbook of Translation* 一书中谈到了戏剧翻译,指出它与小说翻译的区别,提及保留源语文化特色和为舞台演出而译等重要理念。克利福德·兰德斯(Clifford Landers)在"Translating for the Theatre"一文中将"可念性"视为戏剧翻译的核心原则,其他的如意义、忠实、准确等都应服从于这个原则(Landers,2001)。芬兰戏剧翻译家阿尔多宁(Sirkuu Aaltonen)提出,"应将翻译的剧本融入盛行的社会文化语篇中,因为戏剧翻译中的文化合流是不可避免的"(Aaltonen,2000)。以上这些研究从不同的研究角度、从他们所处的不同文化背景,以及戏剧的不同侧面探讨了戏剧翻译的特征和内涵,为戏剧翻译研究开辟了新的途径,提供了大量有价值的理论依据。

相较于国外,中国的戏剧翻译研究始于 19 世纪末 20 世纪初。莎士比亚戏剧进入中国,不少国外剧本被翻译为中文并搬上舞台。中国的话剧就是在戏剧翻译的影响下诞生的。然而,最初的戏剧翻译主要是供读者阅读的而不是用于表演。据马祖毅在《中国翻译简史》中的介绍,外国剧本的翻译以李石曾译的波兰廖抗夫的《夜未央》和法国蔡雷的《鸣不平》为最早(马祖毅,1998)。莎士比亚的戏剧最早被介绍到中国是在 1911 年。自 20 世纪 20 年代开始,许多俄国优秀的剧本也陆续被介绍到中国,尼·果戈理的《钦差大臣》和亚·奥斯特罗夫斯基的《大雷雨》,在 20 世纪三四十年代就曾轰动中国剧坛。新文化运动时期,易卜生和其他许多外国剧作家的作品也被引入中国。外国戏剧的翻译渐渐兴盛,这也为国内剧作家的独立艺术创作输送了养料。新中国成立后,戏剧翻译主要集中在苏联的戏剧作品,当时著名的斯坦尼斯拉夫斯基的表演体系被介绍到中国,并在国内传播。1954 年后,戏剧翻译事业有了一些发展,更多的来

---

① Sirkku Aaltonen,Book Review[J]. Cadernos de Traducao,2000,1(5):255-258.

自其他国家的戏剧作品被翻译,并搬上舞台。1976年"文化大革命"结束后,中国的话剧进入了新的发展时期,戏剧翻译得到了迅速的发展。各种译本的外国戏剧集被翻译出版。自70年代末开始,越来越多代表着各种流派的外国戏剧被介绍到中国,带来了现代戏剧的新视角。更为重要的是,中国除了引进外国戏剧的精华以外,还把国内的优秀戏剧翻译传播到国外。1980年,《茶馆》剧组访问了欧洲15个国家,演出取得了很大的成功。它标志着中西戏剧交流由单向变成了双向交流。但是,中国戏剧翻译实践的时间相对较短,戏剧翻译理论研究的时间更短。因此,尽管有大量的戏剧翻译实践,国内的戏剧翻译的理论研究却在很长一段时间内几乎无人问津,主要集中了戏剧翻译的实践和心得论述。朱生豪谈及翻译莎翁剧本时,"必自拟为舞台上之演员,审辩语调之顺畅,音调之是否调和。一字一句未惬,往往苦思累日"。[①] 翁显良谈到戏剧翻译时,认为"译戏如演戏,首先要进入角色"(翁显良,1983)。他指出,戏剧翻译还要考虑原文的语调、语气,要注意台词的含义以及腔调是否与人物性格大致相符。从这里可以看出,中国的戏剧翻译实践者,很早就意识到了戏剧翻译要与演出相结合。余光中在80年代翻译王尔德的名剧《不可儿戏》时,指出自己的翻译目的"不但是为中国的读者,也为中国的观众和演员"。并坚持翻译原则"读者顺眼,观众入耳,演员上口"(余光中,2014)。在我国戏剧翻译领域,英若诚先生是一位集译者、导演和学者于一身的人物,他不仅将很多英语名剧翻译成汉语,同时将我国的经典话剧译成英文,介绍到国外,为我国戏剧的海外传播做出了不可磨灭的贡献。他从戏剧翻译实践中总结出戏剧翻译的原则是"口语化和简练",要译成"脆"的语言,巧妙而对仗工整(英若诚,1999)。在戏剧翻译策略研究方面,马会娟(2004)对戏剧翻译的动态表演性原则进行了研究,她从虚字、活句、习语和称谓四个方面入手,通过对《茶馆》的两个英译本进行对比研究,考察了动态表演性原则在戏剧英译中的应用,指出英若诚翻译的《茶馆》因为充分考虑

---

① 朱生豪.《莎士比亚戏剧全集》译者序,转引自罗新璋、陈应年.翻译论集[M].北京:商务印书馆,2009.

了戏剧翻译的特殊性,从舞台演出的需要来翻译剧本,从而充分体现了动态表演性原则,成为戏剧翻译成功的关键。在戏剧译者和译作实证研究方面,任晓霏的博士论文《译者登场——英若诚戏剧翻译系统研究》(2009)从文学系统的角度考察了英若诚的戏剧翻译系统,对戏剧(包括中译英、英译中)进行了细致的文本分析和接受效果研究,论述了英若诚戏剧翻译作品的文化价值。该论文是目前第一个对戏剧译者及其译作进行的系统和全面的研究。在戏剧翻译理论研究方面,孟伟根的《戏剧翻译研究》(2012)是一本比较全面的专著,书中系统梳理了近四十年来国内外戏剧翻译理论家的研究成果,包括戏剧符号学与戏剧翻译、戏剧翻译研究的核心问题,以及戏剧语言符号学与戏剧翻译等,对戏剧翻译的特点、原则、翻译对象、翻译单位等问题进行了全面论述,并在此基础上,归纳出戏剧翻译的策略和方法等。上述这些关于戏剧翻译实践和理论的研究,是自80年代才开始的,而中国现当代戏剧作品的英译,绝大多数是在80年代之前就已完成,那时国内没有戏剧翻译的理论,甚至连文学翻译理论也不发达,译者在翻译戏剧文本的实践过程中,无任何翻译理论可供参考,他们的潜意识里有没有考虑诸如戏剧文本的特殊性、目标语观众的理解力、目标语的戏剧规范,以及演出的舞台指示等问题,这些都是后续有待研究的问题。

随着西方翻译研究的发展,尤其是其他各种学科理论的渗透,戏剧翻译研究的范围和方式远远超出了我国既有的传统翻译研究模式,戏剧翻译的概念也在更广阔的范围内被加以描述和阐释。近年来,戏剧翻译研究开始渐渐受学界关注,研究的角度也越来越多,如戏剧翻译的特点和标准角度、戏剧文化学角度、语用学角度、美学角度、目的论角度、社会学角度、关联理论角度、对比研究角度等。综合来看,中国现当代戏剧海外的研究多数集中在戏剧家研究、某部剧作的研究,或者戏剧主题和演进过程及其社会原因的研究,而翻译史、翻译规范及其在海外的接受研究,到目前为止还未有系统的研究成果。

第三节　戏剧翻译的理论基础

　　作为文学翻译的一个文本类型,戏剧翻译研究一直未像小说和诗歌一样受到足够的重视,在国内更是缺乏系统性研究。本研究将参考文化学派和戏剧翻译的相关理论,对中国现当代戏剧的英译进行全面解读。20世纪70年代以前,翻译研究的依托是语言学研究,集中在比较文学领域。80年代中期,一些学者开始摒弃语言学对翻译的研究方法,转向文化视角来研究翻译,其中弗米尔(Hans J. Vermeer)是主要倡导者之一。他提出著名的"目的论",认为翻译"不只是词汇和句子的语言间转换,更是一种复杂的行动"(Vermeer,1988),翻译行动的最高原则是"目的原则",也就是说,"任何翻译行动都由其目的即功能来决定"(Reiss & Vermeer,1984)。1990年,巴斯奈特和勒夫菲尔的论文集《翻译、历史和文化》出版,这标志着翻译研究的重点从"文本对等"转入"文本存在的源语和译入语文化的语境",重点研究的是文本操纵过程的复杂性。因此,翻译研究的"文化转向"将翻译研究从语言学框架推向更为广阔的文化背景之中,主要包括佐哈尔(Itamar Even-Zohar)的多元系统理论、弗米尔的目的论、图里的描述翻译学等,他们被称为翻译研究的"文化学派"。这一派别的主要研究特征是:不再将语言与文本对等当作研究的重点,而是从更宏观的文化、历史、传统层面进行研究,考察翻译与译入语文化之间的关系,将翻译文学视作译语文学系统的一部分。接下来分述一二。

　　多元系统论是埃文·佐哈尔20世纪70年代发展的一套理论,目的是更好地解释复杂的翻译现象,他认为,各种社会符号现象都是一个系统,并且由多个不同的子系统构成。子系统之间互相依存,作为整体而运作。他主张将翻译文学纳入文学系统,特定的翻译或翻译模式在一个文学系统中是发挥主要作用还是次要作用,取决于系统的状态。一般情况下,绝大多数翻译属于次要的活动,其地位是边缘化的。但在三种情况下,翻译文学有可能成为主要的活动:一是当主体文学处于幼稚期或正在建立之中;二是当主体文学处于边缘或弱小状态;三是当主体文学正经历某种危机或转折点时,或出现文学真空时(Zohar,2000)。中国现当代戏剧在中国文学系统中的地位时而中心、时而边缘,在译入语的文学系统中,很少居于中心位置。佐哈尔(Zohar)把翻译看作文学多元系统内的一个系统,有其自身的经典和非经典、创新和传统模式,并在翻译文学与文学多元系统的关系中,佐哈尔提出两个问题:主体文化是如何选择翻译对象的;翻译文学与目的语文化中的其他系统是如何产生联系,从而采取特定的规范和行为的。如果翻译文学处于中心位置,就意味着它是创新的力量,翻译策略和规范更易异化;反之则是传统和保守的,翻译方式则更倾向于归化。

功能派翻译理论的首创者是凯瑟琳娜·莱斯,她首次把功能范畴引入翻译批评,将语言功能、语篇类型与翻译策略相联系,发展了以原文与译文功能关系为基础的翻译批评模式,成为功能派理论思想的雏形。随后,汉斯·弗米尔提出了目的论(Skopos Theory),认为翻译是以原文为基础的有目的和有结果的行为,这一行为必须经过协商来完成,翻译必须遵循一系列法则,其中目的法则居于首位。也就是说,译文取决于翻译的目的。此外,翻译还须遵循"语内连贯法则"和"语际连贯法则"。前者指译文必须内部连贯,在译文接受者看来是可理解的,后者指译文与原文之间也应该有连贯性。这三条原则提出后,评判翻译的标准不再是"对等",而是译本实现预期目标的充分性。弗米尔还提出了翻译委任的概念,即应该由译者来决定是否、何时、怎样完成翻译任务。也就是说,译者应该根据不同的翻译目的采用相应的翻译策略,而且有权根据翻译的目的来衡量哪些原文内容要调整或修改。

1995年,图里(Gideon Toury)在多元系统理论的基础上,建立了描述性翻译研究的理论框架,旨在对所有影响翻译产品的因素进行描写。他指出,"描述性研究至关重要,任何实证学科如果没有描述分支的存在,就不能称之为完整的相对独立的学科"。他强调翻译目的决定译文特征,并影响译者的翻译策略,提倡对译者、历史、文化、社会等因素进行"全面的历时性描述"(赵宁,2001)。描述研究在实际研究中积累丰富的事实,不仅对翻译行为做出详尽的描述和解释,而且为学科的理论建设奠定了基础。描述翻译学的研究方法,主要包括界定研究对象、界定翻译作品、文本对比、翻译问题及其解决方法、揭示翻译概念,通过对比,获得详尽的描写和可靠的解释,预测译者对反复出现的语言现象所做出的翻译行为。图里首次将规范概念引入描述性翻译研究。文学翻译是一个复杂的程序,图里认为在翻译过程的每一个阶段,规范都在起作用。翻译是一种规范控制的活动。图里认为,译者在翻译的整个过程中,一般会受到三种规范的影响:预备规范(preliminary norms)、初始规范(initial norms)和操作规范(operational norms)。预备规范即指翻译文本的选择,涉及翻译政策(translation policy)和翻译的直接性(directness of translation)两大概念。翻译直接性是指译者是从原语开始翻译,还是通过中介语转译。翻译政策则表现在特定语言偏爱选择哪些作品、作者、风格、流派等进行翻译,还包括特定时期目的语国家的社会、历史、文化和政治形势,及译者、出版商、赞助人等因素。译者需要根据当时的翻译政策进行文本的选择和翻译策略选择。起始规范即指译者的选择倾向,是倾向于原语语言和文化的规范,还是服从于目的语的语言和文化的规范。前者称为"充分性"(adequacy),后者称为"可接受性"(acceptability)。操作规范即指译者在实际翻译过程中做出的决策,包含母体规范(matrix norms)和篇章——语言学规范(textual-linguistic norms)。母体规范在宏观结构上制约翻译,指译者对源文本内容的增删以及对译文的位置安排;篇章—语言学规范影响文本的微观层次,指的是遣词造句等语言选择。以上关于翻译规范的研究拓宽了翻译研究的维度,"鉴于翻译和翻译研究的特点,通过翻译规范的视角研究翻译可能会非常富有成效"(Hermans,2007)。

　　翻译研究文化学派将研究视角从语言转向文化,实现了翻译研究从规定到描写的范式转变。描述研究的发现应该能够用来形成一系列规律,来表明翻译所有相关变量之间的内在关系。本研究不会对翻译现象和翻译译本做出优劣判断,而是把中国现当代戏剧的英译置于历史和社会语境之中,尽量客观地对翻译文本效果进行描述、分析和解读。

第四章 中国现当代戏剧剧本英译语用分析

中国现代文学发端于20世纪初,学界基本一致的观点是现代文学以五四运动为始,以1949年为终。现代戏剧也是伴随中国"新文化运动"兴起,到1928年,洪深①提出,建议改称"话剧",以区别于戏曲、歌剧等其他形式,这一提法沿用至今。本研究所探讨的现当代戏剧,以话剧为主要研究类别,从时间上看,按照中国文学史上的现代文学和当代文学来分期,将1907—1949年间的戏剧作品称为现代戏剧,1949年以后的作品称为当代戏剧。如前文所述,戏剧是"表演的艺术",中国话剧的诞生使得戏剧真正成为中国文学的一个类别,剧本也逐渐为大众接受,成为文学作品。"话剧,应该首先是文学,然后才是演出。"②

本章将首先回顾中国现当代戏剧的英译概况,针对四个主要阶段不同的文化语境,分析各阶段的戏剧英译传播的译介特色和发展状况。随即引用现当代经典戏剧剧本的英译文本,以语用分析为手段,从语用学的视角,结合翻译理论来审视英译剧本的传播效能。

第一节 中国现当代戏剧的英译概况

作为文学的一个重要类别,中国现当代戏剧不仅在中国文学史上曾经占有重要的地位,而且对中国社会和文化发挥了不可或缺的建构作用。

中国现代话剧自20世纪20年代初在中国诞生起,中国的戏剧家们

---

① 中国现代话剧奠基者之一。"话剧"这一名称于1928年4月经洪深提议并得到田汉、欧阳予倩的赞同而固定下来。

② 林希.新时期话剧得失谈[J].剧本,1998(4).

进行了各种努力,让这种西式戏剧在中国的土地上生根、发芽,并最终结出了绚烂的花朵。学界认为,胡适于1919年创作的《终身大事》是第一部比较成熟的由中国自己的作家创作的话剧作品。1934年,曹禺创作出《雷雨》,引起轰动,其内容、结构以及舞台的表现形式,成为话剧这种艺术形式在中国成熟的标志,也成为第一部走向海外的中国话剧作品。虽然《雷雨》在美国等英语国家的演出和出版从20世纪80年代才开始,但是在它问世之初,就被中国的英文杂志《天下月刊》翻译成了英文并在海外发行,当时该剧并没有在海外引起大的反响,译文的质量(比如直译,可读性上未能迅速吸引读者和评论家等)可能是一方面的原因,但更主要的原因还在于当时的世界经济和社会状况。30年代中期,美国正在经历"经济大萧条",恰逢梅兰芳于1929年访美演出,在全美各地引起轰动,美国举国上下都沉浸在梅兰芳的演出之中,根本无暇顾及和关注中国现当代戏剧。这之后,就是中国的抗日战争和国共战争,1949年之后,中华人民共和国与西方的交往一度中断,中美关系到60年代末70年代初开始解冻,所以西方世界主动译介中国现当代戏剧在70年代才真正开始。

1949年新中国成立之后,中国政府主要通过英文杂志《中国文学》和外文出版社,向西方世界介绍中国的文学和文化。《中国文学》的译介持续了半个世纪,基本上将中国的现当代戏剧的主流和经典作品都译介到海外,成为那个时期唯一向西方世界提供中国文学英语译文的中介。《中国文学》的译文所遵循的基本翻译规范包括:高度忠实于原文;少用注释;人名、地名的翻译使用韦氏拼音;序幕不作翻译;用词使用"褒译"和"贬译"策略。《中国文学》的译文在很多方面是直译,没有充分考虑接受语文化的习惯和用法,这曾经遭到很多批评家的诟病,同时有一些翻译规范和策略的选择影响了译作在译入语文化中的传播。另外,英语译本的语言选择,以"贬译"为主。由于英译本的主要目标读者来自英美为主的英语国家,这样的语言选择势必与目标相背离,也影响了译介的传播效果。可见,戏剧翻译应以归化翻译为主,需要从译入语文化背景出发,充分考虑目标语读者和观众的需求。

20世纪70年代的香港,由于民族意识觉醒、民族身份认同感增强等因素,也开始了向西方世界介绍中国优秀的文学和文化的行动,主要的机构是香港中文大学主办的《译丛》及其系列丛书,对当时西方世界了解中国起到了至关重要的作用。《译丛》于1973年创刊,在80年代将中国内地文艺"新时期"的一些作品及时有效地介绍到了海外,对当代中国文学的海外传播做出了重要的贡献。可以说,《译丛》是当时为数不多的海外了解中国文化的窗口之一。《译丛》在翻译戏剧作品时,并不是为了舞台演出,而是介绍戏剧文学,因此它所登载的戏剧作品都做了节选,其目的不是提供完整的剧本,而是介绍中国的戏剧文学和作家。所以它使用了大量副文本手段来方便读者阅读,提升理解效果,如配有关于中国文化和形象的封面和内页插图,附加"译序"来陈述译作的翻译策略、观念和重点难点等。《译丛》已创刊50年,半个世纪的发展历程架起了中西沟通的"桥梁",向西方传播中国文学和中国文化,为中国现当代戏剧的国际传播做出了巨大贡献。

　　海外对中国现当代戏剧的译介开始于1970年,中美关系开始解冻之时,恰逢亚洲戏剧在美国受欢迎的时期,不仅如此,海外也想了解中国正在进行的革命和社会的变革,因而,70年代出版的戏剧都集中在当代,对当时的"革命现代戏"进行了解读和介绍。"文革"结束后的戏剧译介则相对来得较迟一些,直到1996年,第一本介绍"文革"后十年中国当代戏剧的选集才在美国出版,随后的三年内,又连续出版了三本同类的选集。跨越整个中国现当代戏剧史的译介到目前共有两本:一本是1983年美国学者耿德华编选的《二十世纪中国戏剧选》,一本是2010年华裔学者陈小眉编选的《哥伦比亚中国现代戏剧选》。从以上这些出版情况,我们可以看出中国现当代戏剧清晰的英译轨迹。从地域来看,从事译介的机构主要出自中国内地、香港地区和海外(以美国为主),这三个区域在译介时间上相互交叉、互为补充。

第二节　中国现当代英译剧本的语用分析

如前所述,语用学研究如何通过语境来理解和使用语言,翻译属于一种言语交际方式,而戏剧翻译又需要考虑译文语言的舞台性、视听性、口语性等特点。因此,从语用学的视角来审视戏剧剧本的翻译,将起到一定的指导作用。选材中国现当代戏剧英译剧本作为分析对象,更突出体现了语言使用的时效性,以语用学研究领域的诸多视角来分析英译剧本,开启了语言运用的全新视角,将为戏剧翻译的研究注入新的元素。下面将从指示语、语用预设、会话含义、言语行为、关联性、礼貌原则、顺应性等语用学领域研究的主体视角,结合经典现当代戏剧的英译文本,进行详细的解读分析。

一、指示语在剧本英译中的运用

指示语是语用学的重要研究内容之一,话语与语境的关系,说话人与受话人的关系都是靠指示语才能在语言结构上有所体现。前文第二章提到,指示语分为人称指示、时间指示、地点指示、话语指示、社交指示等。由于英汉指示语使用的差异,在翻译时应特别注意,要根据语境、说话人、受话人等个体因素,推断出指称与所指的关系,还要明确文化、社交习惯的合理性。

(一)人称指示语的翻译

人称指示语是谈话双方用话语传达信息的相互称呼,在各类指示语中占据主体和核心地位。它主要包括第一人称指示语(包括说话人)、第二人称指示语(包括听话人)和第三人称指示语(不包括说话人和听话人)。

在语用层面,第一人称代词 I 和"我"都单指说话人,是确定的表达,直接翻译一般不会产生任何歧义。而第一人称复数,即复指代词在英语中为 we,汉语中为"我们""咱们",可包括谈话双方,也可以不包含。所

以,we 存在指称的不确定性,其指称的内容只能从语用的角度借助语境来翻译。例如:

[例1]

松二爷:咱们也该走啦! 天不早啦!

常四爷:嚓! 走吧! [二灰衣人——宋恩子和吴祥子走过来]

……

松二爷:哥儿们,我们天天在这儿喝茶。王掌柜知道,我们都是地道老好人。

[译文]

Song: **We'd** better start moving too. It's getting late.

Chang: Right. **Let's** go.

……

Song: Now, now, gentlemen, **we** have tea here every day. The manager knows us well. We're both law-abiding men.

——《茶馆》(*Teahouse*)

复数第一人称指示语 we 除了其宾格形式在 let's 中兼表说话人和听话人双方外,常根据语境要求,或者包括谈话对方,或者不包括谈话对方。这两种不同的第一人称复数之间的差别在英语中没有直接的反映,英语中的第一人称指示语 we 只有一种形式,不能将汉语中的"我们""咱们"的语用意义直接表现出来,但间接地在 let us 和它的缩略形式 let's 之间的差别上有所体现。let's 包括听话人在内,而 let us 可能包括听话人,也可能不包括听话人。let's 在口语体中有时可借指单数,相当于 let me。上面例子中,常四爷同意松二爷的提议,英译时加上 let's 以示共同离开茶馆。

[例2]

王利发:诸位主顾,咱们还是莫谈国事吧!

[译文]

Wang Lifa: Gentlemen, **let's** leave off discussing affairs of state, shall we?

——《茶馆》(Teahouse)

原文中,王利发作为"裕泰大茶馆"的掌柜,希望社会安定,自个儿的生意也能顺心,他不敢跟社会较劲,只想俯首当"顺民",所以常劝茶客们"莫谈国事"。这里译文中的 let's 显然没有包含王利发本人在内,因为他只想做个本分的掌柜,从不谈及"国事",这里他使用"咱们",是要拉近与听话人的距离,在情感上和大家产生共鸣,从而接受他的劝诫。

与第一人称单复数替换使用不同,英语中第二人称的单复数的这种用法因没有形式上的区别,只能视具体语境而定。汉英互译时,第二人称的单复数转换有时也不可以直接将 you 和"你"或"你们"互译。

[例 3]

松二爷:(对王利发)看着点我们的鸟笼子!

王利发:您放心,我给送到家里去!

[译文]

Song:(to Wang Lifa)Please take care of our birds!

Wang Lifa:**Don't worry**,I'll send them to your houses.

——《茶馆》(Teahouse)

这里对"您"这个礼貌性第二人称,译法上进行了隐含的表达,并未直译出来,而是以祈使句的格式,实现了原文的语用功能。

对于第三人称指示语的翻译,主要需考虑英汉两种语言在交谈、自我介绍等方面所存在的区别。同时,由于英语是依靠语境来辨析指示词的,因此在两种语言转换中可能需要添加指示词(如汉语中无主句或具体指代词等情况)。例如:

[例 4]

黄胖子:(严重的砂眼,看不清楚,进门就请安)哥儿们,都瞧我啦! 我请安了! 都是自己弟兄,别伤了和气呀!

王利发:这不是他们,他们在后院哪!

[译文 1]

Fatso Huang: (Suffering badly from trachoma, he has poor eyesight. Greeting everybody in the teahouse as soon as he enters) **Brothers,** look at me. I'm paying my respects to you. We're all one big family—don't do anything to upset our friendship.

Wang Lifa: These aren't **the people you've come to see.** They're in the inner courtyard.

[译文 2]

Tubby Huang: (a severe case of trachoma, with consequently very poor eyesight. Bending one knee as soon as he enters) Now, now, **folks,** for my sake, please, I'm here greeting you all. We're all brothers, ain't we? Let's have none of them bad feelings!

Wang Lifa: **Your friends** aren't here; they're in the inner courtyard.

——《茶馆》(*Teahouse*)

原文中"哥们儿"一词在英汉双语中都存在,在剧本语境中并没有固定的称谓对象,泛指所有在茶楼里与黄胖子相熟的朋友,刻画出黄胖子喜好社交的人物形象,增强了语言的感染力,是具备一定语用功能的表达。英译两个版本,brothers 和 folks 都做到了语用功能上的对等。王利发回应的话中,"他们"这一人称指示语,泛指正在店里喝茶与黄胖子相熟的朋友们,他明白这些人都不在前厅,正在后堂喝茶,所以直接明了地告知黄胖子打错了招呼,并指引他到后面去。对于"他们"这一人称代词的翻译,从观众理解的角度,两段译文都进行了归化处理。译文 1 明确"他们"是"您要来找的那些人",译文 2 明确"他们"是"您的朋友们",都通过解释说明给出了具体和明确的所指对象,从语用功能上看,都是成功的译文。

(二)时间指示语的翻译

时间指示语是指人们用来描述各种事件、活动、动作发生状态(已发生、正在发生或将要发生)的词语和表达方式或语法范畴。在交际中,时间指示是以说话人在说话的那一时刻作为参照点来理解的。英语有两种表示时间的方法:一是通过使用表示时间的词或短语加上相应的动词时态,二是单独通过动词的时态来表达。由于汉语的动词没有时态标记,因此只有通过表示时间的词或短语来表示时间。对于这些差异,可以通过补足信息来达到交际目的。例如:

[例5]

喜娘:快别哭了,一会儿姑少爷看着不高头。(替珏擦泪)别哭啦,二小姐,你**今天**是孩子,**明天**就是大人了。**后天**回门,不又看见老太太啦?老太太不是说了又说,叫你——

瑞珏:我知道,知道,你走吧!

[译文]

Bridesmaid Liu: Mustn't cry, you know. The Young Master might be displeased. (wiping away her tears) Now, now. You **are** a child **today**, but a woman **tomorrow**. And **the day after that**, it **will be** time for your return visit, you **will see** Mother again. Remember what she said to you, time and time again—

Jade: I know, I know. You can go now.

——《家》(*The Family*)

这是瑞珏出嫁想念母亲频频落泪时,喜娘劝说她的场景。原文按照汉语的表达习惯,使用明显的时间指示语来说明今天(today)、明天(tomorrow)和以后(the day after that)的状况,英文译文使用明显的动词时态结合时间用语来表达对等的含义,加强了劝慰的语气,表达出喜娘苦口婆心劝说瑞珏尽快适应身份转变的强烈意愿。再来看个例子:

[例6]

狗儿爷：明天卖，老子今天烧！烧了才痛快，烧了才足性，烧了才踏实，烧了才……

祁永年：烧吧，烧吧，又红火又热闹！

[译文]

 Uncle Doggie：Tomorrow? I'm going to burn it down tonight! Oh, I'll feel so good, I'll be satisfied; I'll have settled the score… I'll…

 Qi Yongnian：Burn it! Burn it! Make some real fireworks! Burn it!

——《狗儿爷涅槃》(Uncle Doggie's Nirvana)

这是狗儿爷听说自家的门楼要被儿子给卖了，气愤至极，破口而出的一段话。这里出现了"明天""今天"等时间指示语。译文处理得非常细节化。由于说话场景下这门楼还没烧，因此将"今天"译为"tonight"（今晚），并搭配一般将来时态（be going to），完全吻合了戏剧情节。受话人祁永年是以受益者姿态回应，"烧吧"带有幸灾乐祸的意味，因此译文使用了标准的祈使句，隐含着"煽风点火"的含义，这样一组简单的对话中，时间指示语的翻译相当到位，既符合人物本身的特点，又契合对话的含义表达。

（三）地点指示语的翻译

地点指示语是用来表达相对于指示中心方位的词语。言语交际中，人或物的空间位置是以其他人或物作为参照点的。英语中的地点指示词包括方位副词 here，there；指示代词 this，that。此外，还有一些含固有指示成分的移动动词，如 come 和 go 也属于地点指示语的用法。例如：

[例7]

祁永年：我告诉你，还乡团可要回来。

狗儿爷：我告诉你，区小队可离这儿不远，过河儿就是。

[译文]

 Qi Yongnian：Let me tell you this: the landlords' militia will be back any day now.

Uncle Doggie: And let me tell you this: the People's Liberation Army is **over there**, just across the river.

——《狗儿爷涅槃》(*Uncle Doggie's Nirvana*)

这一段对白带有明显的地点指示词"这儿",并对地点作了解释"过河儿就是"。在英语译文中没有使用直译"here",因为这里说话双方谈及的地点并非近指,而指的是"过河"的"那边",所以译文采用了远指方位over there,更符合交际目的的达成。除此之外,汉语中的空间指示语往往不仅表达空间概念,有时还会代指某个地点或者夹杂较强的心理因素在其中,在中译英时也要特别关注。例如:

[例8]

难　民:掌柜的,行行好,可怜可怜吧!

王利发:走吧,我这儿不打发,还没开张!

[译文]

Refugees: Kind sir! Do a good deed. Take pity on us!

Wang Lifa: Move on. We're not handing out anything today. We're not open yet.

——《家》(*The Family*)

原文中"我这儿"不是指人物所在的近指地点,而是代指"我的茶馆",所以译文处理中作了解释,表明"今天我这店里还没生意,没有收入,所以无法救济"的含义,以驱散难民上门乞讨,为自己解围。

(四)话语指示语的翻译

话语指示语就是用导向性的词语来代替话语的某一部分,这部分词语对话语的理解起着十分重要的作用。英语中话语指示语的词大致有两类:与时间有关的指示语(如 last, next, preceding, following 等)和与地点有关的指示语(如 this, that 等)。话语指示语的指称来自上下文,它的主要功能是使话语衔接起来,取得连贯效果。如果没有特定的语境,话语的指示信息就不明确,语篇也难以衔接。这就要求译者注意分析上下文,充分考虑话语指示语的衔接作用。例如:

[例9]

方达生:(指窗外)你听!

王福升:听什么?

方达生:(指指窗外,非常感兴趣)你听他们唱的。

王福升:这是唱啊?!

方达生:(不客气地)对了。

[译文]

DASHENG:(gesturing towards the window):Shh! Listen!

FUSHENG:What to?

DASHENG:(pointing towards the window, his interest fully aroused):Listen,listen to them singing,don't talk.

FUSHENG:(taken aback)Oh,singing you call it.

DASHENG:(curtly):yes.

——《日出》(*Sunrise*)

这一幕是黄昏时分,旅馆外工地上小工们打桩唱出号子,引起了方达生的注意。旅馆伙计王福升早已习惯了这号子声且心生厌恶。方达生用"Shh"的语气词让伙计停止询问,又用"don't talk"这样的祈使句加强意愿,是希望伙计能与自己一样去聆听并欣赏"打桩的歌",因此使用了"唱"而不是"喊"。而福升的身份决定了他不可能像文人一样去理解其中的深意,他只是讨厌这号子声打扰了自己休息。原文中提到的"唱"是工人们打地基时发出的号子声。方达生作为文人,对这种不常听到的干活的号子声很是感兴趣,认为是在有韵律地"唱"。同样的一件事,由于说话双方的身份和认知不同,产生了截然不同的反应。原文中"这"所指的"号子声"并未直接译出,而是直译为"你把号子声叫作唱歌啊",以示王福升的不赞同,同时宣泄出自己的不满情绪。这种衔接完全来自上下文的特定语境。又如:

[例10]

狗儿爷:你爹命也不贵,是他那香菜卖得贵。损不损?卖到大饭庄里一角钱一根！你们家这三顷地就是**这么来的**。

祁永年：哎，就是**这么来的**，发财啦！

［译文］

Uncle Doggie: Your father's pedigree was no better, but his corianders weren't cheap. The big restaurants paid ten cents a stem for the stuff! **That's** how your family got your fifty acres of land.

Qi Yongnian: Sure **that's** how we got them, that's how we got rich!

——《狗儿爷涅槃》(*Uncle Doggie's Nirvana*)

原文中"这么"属于话语指示，起着联系上下文的作用，也就是指"这样的情况"，将狗儿爷提到的"抬高价卖香菜给饭店"这一行为进行了概括。译文中使用 that 也符合英文承上启下的表达习惯，体现了功能对等。

（五）社交指示语的翻译

社交指示语是指语言结构中能反映语言使用者身份和相对社会地位的那些词语和语法范畴。社交指示语可用来表达话语中的三类信息：一是言语交际参与者的身份，二是说话人与听话人之间相对的社会地位，三是说话人与所谈到的人（第三者）之间相对的社会地位。在社会交往中，人们对相互之间的相对的社会地位尤为重视。在亚洲的一些国家，如在日本，敬语（honorifics）的使用就十分普遍；在中国，第二人称有两种划分，"您"要比"你"更显尊重。现代英语中存在两种社交指示方式：一种是选用不同的称呼（如 Mr. /Dr. 等）来表示说话人与听话人间的关系，另一种是使用仅限于某些特殊身份或地位的人所使用的正式称呼（如称法官为 Your Honor 等）。英汉两种语言在社会指示语方面没有完全对应的表达法。比如，汉语中亲属称谓词品类繁多，是汉民族注重亲情关系的内在表现；而英语中亲属称谓词比较笼统，并不注重亲疏的区分。汉语习惯使用亲属称谓词来称呼邻居甚至陌生人，如李姐、王叔、张姨等；西方人对此截然不同，他们常常直呼其名。由于民族语言表达习惯的不同，社交指示语的表达也会相异，进而凸显各自的民族文化，因此在翻译时需要注意语用等值（pragmatic equivalence），才能尽可能减少语用失误，使译文与原文具备相同的交际功能，达成交际目的。例如：

[例11]

王利发：**哥们儿，都是街面上的朋友，有话好说。德爷**，您后边坐！

（二德子不听王利发的话，一下子把一个盖碗搂下桌去，摔碎。翻手要抓常四爷的脖领。）

常四爷：(闪过)你要怎么着？

二德子：怎么着？我碰不了洋人，还碰不了你吗？

马五爷：(并未起立)**二德子**，你威风啊！

二德子：(四下扫视，看到马五爷)喝，**马五爷**，您在这儿哪？我可眼拙，没看见您！（过去请安）

马五爷：有什么事好好地说，干吗动不动地就讲打？

二德子：嗻！您说的对！我到后头坐坐去。李三，这儿的茶钱我候啦！

[译文]

Wang Lifa: Now, now, **gentlemen**! Surely we can settle this as friends. **Master Erdez**, why not take a seat in the inner courtyard now?

Chang: (dodging him) What do you think you're doing?

Erdez: Perhaps I don't touch the foreigners, but I'll give you one of me touches. I will!

Master Ma: (without getting up) **Erdez**, you're quite an important person, aren't you?

Erdez: (looking around and spotting Ma) Oh, it's you, **Master Ma**, Pardon, **sir**, I never see you sitting there. (Goes over to Ma, dropping one knee **in the traditional gesture of obeisance**)

Master Ma: Settle your disputes in a reasonable way. Must you always resort to fisticuffs?

Erdez: Yes, sir, I'll go direct to the inner courtyard. Li San, I'll pay for this table!

——《茶馆》(Teahouse)

在这个场景中出现了四个主要人物,伴随着频繁出现的称呼指示语和祈使性用词。在掌柜王利发的话语中出现了两种不同形式的称呼语:"哥们儿"和"德爷";第一个显示了二人的亲密关系,而第二个则带有谄媚的语气,想竭力阻止二德子在茶馆起冲突。英文译本中第一个呼语译为"gentleman",相比而言可能缺失了与汉语中的"哥们儿"所隐含的亲密含义;第二个呼语译为"Master Erdez"显示了尊敬的意味,与汉语中的"德爷"相匹配。马五爷地位较高,他一出场,便直呼其名"二德子",而这位"德爷"的反应也着实谦卑,使用"Master Ma"充分体现出对其地位的尊崇。由于汉语第二人称"您"也暗指尊重,而英译中很难做到完全对等,于是在译文中添加了"sir"这个称谓来显示二者地位的差异,以求得翻译对等。

综上,通过对戏剧英译译本中人称指示语、时间指示语、地点指示语、话语指示语和社交指示语在翻译上的处理,阐释了英汉两种语言在指示用法方面的差异及译法处理。言语交际中,指示词语的使用具有动态性。指示语的翻译,译者首先要把语境作为最重要的依据,否则话语的指示信息也就得不到有效的表达,话语本身所传达的意思也就难以得到正确的理解。此外,译者要注意原语和目的语对相同指示意义的不同表达习惯,并在译文中适当做出调整。特别是对社交指示语的翻译,要求译者能够准确把握不同民族文化的特点,译出民族社会关系的本来面目,忠实地反映交际双方的社会地位、态度变化等。也就是说,指示语的翻译应考虑具体的语境、异域民族的文化内涵、读者的接受心理及审美习惯,才能最大限度地避免语用失误,从而有效传达原文指示信息。

二、语境在剧本英译中的运用

如第二章所述,语境一般分为语言语境和非语言语境,二者又相互关联。语言语境即"言内语境",也就是"上下文",由词、词语、句子等单位在语言使用过程中构成篇章内语言环境,决定了话语形式的语义;非语言环境即"言外语境",指话语发生的物理环境和社会文化环境,所以非语言环境又分为"情景语境"(交际活动的话题、时间、地点、场合、参与者等)和"文化语境"(特定社会的文化、政治、经济、习俗等)。翻译是一种跨文化交际活动,译者把原语话语中的语码在其特定语境中传递的信息用目的语语码传达给目的语接受者。翻译实践都是在具体的语境中进行的,译者借助语境选择词语、处理话语衔接与连贯,还可以通过情景语境和文化语境处理翻译难点。译者应当树立语境化的翻译观,充分考虑语境因素,正确地理解话语的语言语境因素和非语言语境因素,准确再现原文信息和话语风格。

(一)语言语境与翻译

语言语境首先指"语言",是包括话语在内的语言系统;其次指"言语",即语言系统具体化的表现,包括话语的聚合(文本类型)和话语的组合(上下文)。语言系统是特定语言使用规则的总和,是"语言语境"的一般情况;文本类型和文本上下文则是"语言语境"的特殊情况,即语言一般规则在具体语境中的特殊体现。也就是说,"语言"寓于"言语"之中,是"言语"的基础;"言语"又反作用于"语言",体现基于特定语境的含义。"语言情景"涉及特定语言的表征符号(声音符号、文字符号等)。因此,符号的组合关系系统和聚合关系系统就是语言系统中的两大根本关系。组合系统包括词法、句法和章法,是语言里各种结构规则的总和,即语法规则的总和。组合系统对翻译的影响不大,而聚合系统对翻译的影响则非常明显。语言的聚合系统包括词汇聚合系统和语法聚合系统,这二者在形式和意义方面是统一的,在功能上保持一致。简单来讲,语言中的"一词多义"和"一义多形"现象,都属于语言聚合系统的表现。来看《茶馆》中的几个例子:

[例12]

刘麻子:我要不分心,他们还许找不到买主呢!(忙岔话)松二爷,(掏出个小时表来)您看这个!

松二爷:(接表)好**体面**的小表!

[译文]

Liu: But if I didn't bother, they might not find a buyer! (Changing the subject abruptly) Master Song (taking a small pocket-watch out of his pocket), have a look at this!

Song: [taking the watch] What a **fine** little watch!

[例 13]

刘麻子:洋东西可是真漂亮呢! 我要是穿一身土布,像个乡下脑壳,谁还理我呀!

常四爷:我老觉乎着咱们的大缎子,川绸,更**体面**!

[译文]

Liu: But foreign things look so fine! If went around in country cloth, looking like a clodhopper, who'd ever talk to me?

Chang: I always think that our own satin and Sichuan silk are more **handsome**.

[例 14]

康顺子:小花,乖,婆婆再看你一眼,(抚弄王小花的头)多**体面**哪!

[译文]

Kang Shunz: My dear, let me have another look at you. (stroking Xiaohua's hair) How **pretty**!

——《茶馆》(*Teahouse*)

"体面"这个词,在《现代汉语词典》第6版中有三种解释:①面子,身份,体统;②光荣,光彩,面子上好看;③(相貌或样子)好看,美丽。在汉语的日常会话中,这个词属常用词汇。在例12和例14中,表示含义③,分别指"小表的精致样子好看","小花打扮的样子漂亮",在译文中分别对应了"fine"和"pretty"两个单词,词语表意实现了对等。例13中,除了表示"绸缎衣物"好看之外,更多的是指"身着绸缎更能显示身份,不至于被看作'乡下脑壳'",从这个意义上讲,还表示了含义②,译文采用 handsome 这个词,既表现了外形上的好看,又突出了有身份。联系上下文语境,译者在翻译过程中都做到了两种语言语境上的对等。再来看下面的例子:

[例 15]

李三:改良!改良!越改越凉!

[译文 1]

Li San: Reformed indeed! Soon you'll have nothing more left to reform!

[译文 2]

Third-born Li: Reform! Everything's taking on a new face and the newer the face, the more faceless it is.

——《茶馆》(*Teahouse*)

"改良"所蕴含的时代背景,是辛亥革命后,封建王朝被推翻,但帝国主义压制、军阀混战使得国家的半封建半殖民地状况更加恶化,各种改革都以失败告终,像伙计李三这样处于社会底层的劳动人民的生活越来越艰难,越来越没有希望。"良"和"凉"的谐音双关,生动而讽刺性地表达了说话人对所谓"改革"的强烈不满。译文 1 采用意译的方式,将原文内容通过解释性语句清晰表述出来:nothing more left to reform;译文 2 中则选用了"face"和"faceless"两个词,以一词多义的方式重新创造了一个符合英语表达习惯的双关语,既传达了原文的隐含意义,又保留了原文的讽刺语气,不失为更优秀贴切的译文。

(二)非语言语境与翻译

在翻译的理解过程中,非语言语境的理解和表达过程都异常重要,译者必须充分考虑非语言语境因素,即"情景语境因素"和"文化语境因素",并根据这些因素找出适合原文的情景和文化意义,否则就会造成语言理解的错误导致误译。翻译的表达过程要求译者重视非语言语境因素,因为翻译表达就是把原语语码在原文语境中承载的意义和信息改由目的语语码承载的过程。译者可以通过查阅资料,从原文语境角度理解原文,结

合目的语非语言语境因素,将原文信息表述为能被译文读者或观众理解和接受的话语。例如:

[例 16]

王淑芬:三爷,咱们的茶馆改了良,你的小辫应该剪了吧?

[译文 1]

Wang Shufen: Master Li, with our "reformed" teahouse, don't you think it's time you got rid of that **pigtail**?

[译文 2]

Wang Shufen: Third Elder, our teahouse has put on a new face, shouldn't you cut off your **old queue**?

——《茶馆》(Teahouse)

这句话出自王淑芬之口,她是裕泰茶馆的老板娘,思想比较超前、活跃,在急剧变革的时代,没有因循守旧抵制变革。她看不顺眼李三还留着的清朝"小辫儿",就劝了这么一句,想告知对方,既然改了民国,就应该随着时代走,剪掉小辫儿。如果是具备一定的中国历史文化知识的读者,都了解"小辫儿"是清朝统治的象征,剪掉它就意味着与清政府彻底决裂,但对于不熟悉中国历史的外国读者(特别是戏剧观众)来说,直译会产生些许疑惑:"为什么要李三剪辫子?""与改革有何关联?"虽然译文在这一幕开头简单介绍了时代背景信息,对白译文中无法添加脚注来做详细解读,观众也无法及时参考书面文本,那么这样的非语言语境信息就难以得到充分表达。相比而言,译文 2 更加易于理解,old queue 可以指欧洲中古时期的"辫子",也有"队列"的含义,cut off 既可指"剪掉辫子",也可指"与原来的队伍决裂",从含义上看,比 pigtail 更贴切,更容易为译文读者(观众)接受。

[例 17]

狗儿爷:你这么疼虎儿,还怕虎儿不疼你,不护你的怀?

冯金花:谁知道呢,**一层肚皮一层山**……

[译文]

Uncle Doggie: The way you care for Dahu, you think he wouldn't care for you? Look after you?

Feng Jinhua: Who knows? He's **not from my womb**.

——《狗儿爷涅槃》(*Uncle Doggie's Nirvana*)

"一层肚皮一层山"是一句汉语俗语,释义比喻子女不是亲生的,感情上总有一些隔膜。这一节对话中,狗儿爷劝慰冯金花,自己和前妻的儿子陈大虎(虎儿)如此受冯的照拂,一定会孝顺的。而冯金花很清楚这不是自己的亲生儿子,自己只是个后妈,怕是不一定。所以选用了这句俗语来表达心中的不安。这句话含有相当的文化含义,所以译文也没有采用直译的方式,意译解释为 He's not from my womb(他不是我亲生),以此促进含义的理解。

[例 18]

祁永年:兄弟,怎么样? 这把土儿还没攥热乎儿,就**奶妈子抱孩儿——人家的啦**! 我早就说过,这狼肉贴不到狗身上,当初……

[远处射来一束手电光,照在他二人身上]

狗儿爷:(认出)是你? 臭地主! 你是**瞧出殡的不嫌殡大,看着火的不嫌火苗子高**,地没了——你解恨,……滚! [一巴掌打在祁永年的脸上]

[译文]

Qi Yongnian: Brother, what did I tell you? You'd hardly warmed up the earth in your palms when you lost it all! As I said, you can't make a wolf out of a wolf's hide, In those days—

(A spotlight centres on them.)

Uncle Doggie: (recognizes Qi Yongnian) It's you! You vicious landlord! You thrive on other people's disasters, you gloat at their funerals, rejoice when their houses catch fire! The land is gone, and how you celebrate! Get out of my sight!

——《狗儿爷涅槃》(*Uncle Doggie's Nirvana*)

这段对话发生在农业合作和运动开始后,狗儿爷解放后被分得的土地又收归了集体所有。他满腹怨恨却又无可奈何。祁永年是地主,这时候出来奚落狗儿爷一番,他用了"奶妈子抱孩""狼肉贴不到狗身上"这样的民间俗语表达了幸灾乐祸的心情,"奶妈子抱孩",在译文中结合全句要表达的含义译作 You'd hardly warmed up the earth in your palms when you lost it all(土地在你手心里还没暖热就给弄丢了),没有提及"奶妈"等这类贴近汉语文化语言语境的转优化名词,在这里以达意为主。而对"瞧出殡的不嫌殡大,看着火的不嫌火苗子高"这类描述性俗语,则采用直译的方式,揭示出"幸灾乐祸看热闹"的心理,这种描述性较强的俗语,在英语文化中也不影响读者去理解和体会,在这里翻译得也恰如其分。

翻译作为一种跨文化交际活动,其过程就是译者把原文话语在其特定语境中所传递的信息用目的语传达给接受者。语境在翻译过程中起着不可估量的作用,语境中的各主客观因素制约译者对话语的理解与表达。在翻译过程中,译者必须考虑语境中的诸多语用因素,即对人们词语的使用能力做出合理的分析,以有效地将原文所表达的各种意图翻译出来,尽量使译文再现原文所表现的风格、形象和习惯等信息,以获得原文读者效果和译文读者效果的一致性。

三、语用预设在剧本英译中的运用

预设使得话语意义可以被理解,交际可以进行,"预设"不同于一般假设,它是交际双方共同接受的命题,使语句或命题能够成立。所以说,预设并非是一种单纯涉及语句本身的语言现象,而应该被视为一种说话人的语言认知活动。预设是基于说话人和听话人的知识结构而存在的,是在交际过程中随情景(语境)变化而变化的一种语用关系。从交际角度看,单纯的单词和短语不含预设,只有说话人和听说人才有预设(Yule,1996)。第二章已经提及预设的分类,这里不再赘述。接下来简要提及一下"预设触发语"的概念。由于预设与语句中的特定词语有关,因此某些词语和结构可以标明预设,我们把这样的词语或结构形式称作"预设触发语"(presupposition trigger),也称"前提""前提触发语"等。列文森(Levinson,1983)将英语种预设触发语分列 13 种[①],他认为这些种类的触发语包括了预设的核心现象。对标这 13 种触发语,汉语中也包括某些动词、副词、名词性词语(短语)、句子成分和句式、特殊的语气语调和重音等。

预设本身较为复杂,涉及翻译时也颇费脑筋。对预设理解的正确与否,将影响译者对话语的理解和翻译,对戏剧翻译而言,还将影响舞台观众的接受度。何自然(1987)指出:"不同民族有不同的思维方式,故反映思维的语言表现方式也有差异。操汉语或英语的本族人由于思维方式不同,对语用前提的认识也不同。操汉语的人可能认为某些信息是不言而喻的前提,无须在语言中表现出来;但操英语的人认为有必要在语言上表现出来,甚至加以强调。"下面将根据第二章提到的预设分类,通过剧本英译实例来进行分析。

(一)绝对预设和相对预设的翻译

使用语言时,很多不言自明或者稍作思考即可明白的预设就是绝对预设。说话人和听话人心中都有这个预设认知,就可以把话说得简短精练。缺乏绝对预设时,交际难度陡增,话语也不易于理解,完全对等的翻译也难做到,这就需要译者做出灵活变通的处理。例如:

[例 19]

松二爷:我看见您二位的灰大褂呀,就想起了前清的事儿! 不能不

---

① 这 13 种预设触发语包括:定指描写(definite descriptions)、叙实动词(factive verbs)、含义动词(implicative verbs)、状态变化动词(change of state verbs)、表示重复的词(iterative)、评价动词(verbs of judging)、时间从句(temporal clauses)、分裂句(cleft sentences)、带重音成分的隐性分裂句(implicit clefts with stressed constituent)、比较和对比句(comparisons and contrasts)、非限制性关系从句(non-restrictive relative clauses)、违反实际的条件句(counterfactual conditionals)和疑问句(questions)。

请安!

吴祥子:哈哈哈哈! 松二爷,你们的**铁杆庄稼**不行了,我们的**灰色大褂**反倒成了铁杆庄稼,哈哈哈!

[译文 1]

Song: Seeing your **grey gowns** makes me feel it's still the Qing Dynasty. I can't help bending my knee!

Wu Xiangz: Ha! Ha! Master Song, your **Bannerman's subsidy** used to be a sure source of income. Well, that's all gone now. But our **grey gowns** proved a better bet, eh? Ha! Ha!

[译文 2]

SECOND ELDER SONG: Whenever I see you two gentlemen's **grey gowns**, I think of that time back under the Qing, and I drop to my knee without thinking.

WU XIANGZI: (laughing) Second Elder Song, you **Bannermen's stipends** have dried up, but our "Grey Cown Department" is flourishing better than ever.

——《茶馆》(*Teahouse*)

在这一幕中,基于说话人和听说人所处时代背景下的绝对预设"灰色大褂"和"铁杆庄稼"是双方能够实现顺利沟通的关键所在。松二爷和吴祥子所讲的"灰色大褂"是清朝的常规服饰,在这里暗示封建复辟。"铁杆庄稼",是指清朝旗兵的月饷。由于旗人当兵是代代世袭,而且不论天灾人祸都能按时得到高于汉人的粮饷俸禄,因此被称为"吃不倒的铁杆庄稼",也就是"吃皇粮"。在民国初期,老百姓都有同样的预设认知。这一段对话的两个英译本,对"灰色大褂"做了直译,为 grey gown,这是因为原文已点明了它与"清朝"的密切关系。对"铁杆庄稼"的翻译,译文 1 附加了一定的解释 Bannerman's subsidy used to be a sure source of income(过去作为主要收入来源的旗兵月饷),而译文 2 直接译为 Bannermen's stipends(旗兵补贴),这两种译文,从说话双方的角度看,都可以直接沟通,如果从戏剧舞台效果和观众接受度来看,笔者认为译文 1 更优,有助于补充观众(尤其是异国观众)相关预设认知的缺失。

当原文话语中的绝对预设不明显甚至不存在时,就需要特别关注话语的相对预设,需要从上下文甚至是文化内涵中来进行推断。翻译这类相对预设的内容时,要尽量保持译文与原文在语用效果上的一致。例如:

[例 20]

陈白露:(喊起来)达生,达生!你快出来。

方达生:(向白露)是你叫我吗?

陈白露:劳驾,你赶快把窗户打开。

张乔治:干什么?

陈白露:这屋子忽然**酸得厉害**。我要吸一点新鲜空气。

方达生:**酸**?

陈白露:(讥诮地)可不是,你闻不出来?

[译文]

BAILU:(shouting)Dasheng, Dasheng, come out here.

DASHENG:(seeing the two of them sitting together) Oh, sorry. (He turns to go.)

BAILU: No, I called you, open the window, quickly.

GEORGY: What for?

BAILU: I want to breathe some fresh air. There's an **awful fug** in here all of a sudden.

DASHENG: **Fug**?

BAILU:(scathingly)Why, yes, can't you smell it?

——《日出》(*Sunrise*)

这是张乔治向陈白露求婚后的一段场景。张乔治向白露示爱时谈及自己有房产、股票、现款,炫耀着"哲学博士""经济学士""政治硕士"的文凭，一通卖弄。陈白露对这种"铜臭气"式的卖弄非常反感，所以叫方达生出来开窗，用隐晦的词"酸得厉害"来抒发个体的反感情绪。"酸"这个词在汉语中有多种隐含意义。在此处特指张乔治蓄意卖弄令人不适的感觉。在英文译文中，直接翻译为 fug（室内浑浊的空气），符合原文要表达的内涵，做到了语用预设的对等。

（二）文化内涵预设的翻译

言语交际中，有些话语的预设范围只能从民族文化的内涵中推断出来。不同文化的族群有着不同的思维方式，因此在反映思维的语言表现方式上也存在较大差异，对预设的认识也就有所不同。在某种语言中，某些隐含的信息是不言而喻的前提，无须在字面上表现出来，而在其他的语言中却有可能必须以言语形式表现出来，甚至还需要加以强调。由于预设的表现方式和对预设的理解有差异，因此在翻译中对预设的处理就需十分谨慎，切勿因这些差异而造成误译。例如：

[例 21]

冯金花：行了，行了，火上房似地，**不怕人家笑话**。

[译文]

Feng Jinhua: Calm down, the house is not on fire, don't make a laughing stock of yourself.

——《狗儿爷涅槃》(*Uncle Doggie's Nirvana*)

这句话中含有否定结构"不怕人家笑话"，这是汉语日常口语中经常使用的否定句表肯定意味的表达，实则强调"太担心被人笑话"，也就是说，这句话含有肯定的语义预设，这对英文语境而言是难以理解的。在英文译文中，保留了否定句的形式，从句子结构上保持了一致，使用祈使句 don't make a laughing stock of yourself（不要成为笑柄），实现了双语语境预设上的一致。

另外，中国传统文化中的标志性内容在戏剧作品中会经常出现，虽然这些内容在汉语中是基本预设，但对英文环境而言有可能含有他义，甚至截然相反。来看下面的例子。

[例22]

王利发：添人得给工钱，咱们赚得出来吗？我要是会干别的，可是还开茶馆，我是孙子！

[译文]

Wang Lifa: More help means more wages! Where's the money to come from? If I were good at something else but refused to budge from this teahouse, then I'd be a bloody fool!

——《茶馆》(*Teahouse*)

王利发子承父业运营茶馆，思想守旧，即使时局变化也丝毫没有想过要改行，他本人存在相当的认知局限性。在这一幕，他强烈抒发着个人的不满：生意已经每况愈下，再雇人就要付工钱，哪里还有钱赚？但凡有其他办法，怎么会一直守着茶馆？"我是孙子"承载着个人感情的宣泄，也是一句汉语俗语，表示"我如果骗人就是孙子"，而"孙子"这个词在汉语口语中含有贬义色彩。此处的英译本，使用了虚拟语气的句式 If I were good at something else but refused to budge from this teahouse, then I'd be a bloody fool!（如果我还能擅长做点其他的却不愿意关掉茶馆，我就是个大傻瓜！）这种描述性的信息补充不失为一种恰当的翻译方式，充分考虑了英语读者和观众的文化预设差异。

综上，预设是一个复杂的语言学问题，涉及语义和语用，特别是语用问题更多。言语交际中不可避免地存在着各种预设，其交际作用的重要性不言而喻。在翻译过程中，译者须从多层面来理解话语的意图，特别是从语义、语用的角度来理解话语中的预设问题。把握好话语翻译中的预设触发语、相对预设与绝对预设是避免误译的关键。在未来，预设的研究成果将给人们的交际和翻译带来更多的启示和帮助。

四、会话含义理论在剧本英译中的运用

如前所述，格莱斯提出的"合作原则"，包含了数量准则、质量准则、关

系准则和方式准则。在日常会话中,人们往往会违反这四条准则,而双方却建立在合作的基础之上,所以话语往往会传递超越文字符号本身所表达的意义,这种需要推导出来的超额意义就是"会话含义"(conversation implicature)。也就是说,会话含义产生的主要途径就是对合作原则的违反。翻译正是译文读者(听话人)借助译者的译文与作者(说话人)进行的一场"对话"。译者首先要把握好话语中的会话含义,并对其进行适当的处理才能让译文读者(听话人)收到与原文读者(听话人)等同的信息量,才能实现译文与原文的等效。

如果说整个翻译过程是原语的信息发送者(说话人/作者)通过译者与译文信息的接收者之间建立交流的过程,那么翻译研究的主要目的就是探讨译者如何最大限度地将原语信息中的会话含义通过译文完整表达出来。因此,译者就必须参与到两者的"会话"过程中去。会话的所有参与者,包括原信息发送者、译者、译文信息接收者可能来自不同的文化背景。这就是说,翻译作为跨文化交际的一种特殊形式,涉及两个会话过程:一是原信息发送者与译者之间的会话过程,二是译者与译文信息接收者之间的会话过程。译者应当做到:确认原信息发送者是否违背了合作原则,如果违背了,为什么会违背,又产生了怎样的会话含义;如果产生会话含义,就试图在译语中寻找语用功能上对等的表达来将会话含义传达给译文读者。格莱斯提出了会话含义的五个特点——不确定性(indeterminacy)、可取消性(cancellability)、不可分离性(non-detachability)、可推导性(calculability)和非规约性(non-conventionality),接下来依次讨论翻译中应该如何进行处理。

(一)不确定性与翻译

会话含义的不确定性是指同一种表达法会因语境的不同而产生不同的会话含义。Levinson(1983)举过一个例子:"John is a machine."这句话在不同的语境中,可以理解出以下几种含义:①"约翰是冷酷的",②"约翰是能干的",③"约翰不停干活",④"约翰不会动脑筋"等。因此,在翻译过程中,译者就要特别注意区分以下几点:当说话人要刻意表达其话语所隐含的意义时,他就必须通过明说而提供更多的语境信息;当说话人话语存在多种不确定因素时,译者就需付出更多努力来对语境信息进行加工,尽量避免话语含义的不确定性。例如:

[例 23]

觉新:那能是谁呢?

觉慧:我以后再告诉你。你知道么? **泥土里生米,水底下出珍珠,沙漠里埋黄金!** 天哪,这都是造物的恩惠呀!

[译文]

Juexin: Who can it be then?

Juehui: I'll tell you later on. Do you realize, rice comes from the soil, pearls from water and gold from the desert? The miracles of creation!

——《家》(*The Family*)

在这一幕中,三少爷觉慧爱慕家里的仆人鸣凤,对她赞赏有加,他开口对觉新谈起自己爱的人,却没有点名是谁,而是用一句"暗语"点明了鸣凤的与众不同:她就如同"泥土中生长的米粒,水中养成的珍珠,沙漠里埋藏的黄金"一般弥足珍贵。即使觉新不知道所指是谁,也会对这位姑娘留下极好的印象,认为必定是一位不平凡的"佳人"。这也正是觉慧希望觉新了解的内容。离开语境,这句话可能会有其他所指,所以译者在处理译文时采用了直译,也保留了原文话语的不确定性,使得会话含义得到恰当表达。又如:

[例 24]

贵:大少爷,您是明天起身么?

萍:嗯。

贵:让我送送您。

萍:不用,谢谢你。

贵:平时总是您心好,照顾着我们。您这一走,我同我这丫头都得惦记着您了。

萍：(笑)你又没钱了吧?

[译文]

LU: Is it tomorrow you're leaving, sir?

PING: Um.

LU: May I see you off at the station?

PING: Don't bother. Thanks all the same.

LU: You've always been so kind to us. **My daughter and I will miss you.**

PING: (smiling) You mean you're **broke again**, eh?

——《雷雨》(*Thunderstorm*)

这一段对话中,周萍大少爷即将出远门,鲁贵表面上是在问候,其实可以只表达自己对少爷的惦记,结果还刻意加上了"这丫头"。他其实是"话中有话",在暗示周萍:自己是最清楚他与四凤之间暧昧关系的人,并想借此机会敲诈一笔。而周萍回答中"又"字出现,表明这已经不是鲁贵第一次来勒索钱财了。这里的"惦记"一词,可以有多种含义上的理解,具有不确定性。译者在翻译时,选择使用"miss"一词,更能凸显四凤对周萍的思念之情,情感含义也更为丰富,充分表达了原作中鲁贵想表述的会话含义。

(二)可取消性与翻译

言语交际中,会话含义可以通过附加一个分句而被取消,或是通过上下文去表明说话人放弃了前述的会话含义。例如:Ben has four daughters. 此句含义是:本恩有四个女儿。如果在该句后附加上"and perhaps five",那先前的含义就自动取消。例如:

[例 25]

顾八奶奶:(长叹一声)谁知他怎么样了! 这两天就没见着他的影子。打电话,寄信,我亲自去找他,他都是不在家。你说这个人,我为他用了这么多的钱,我待他的情分可真不算薄,你看,他一不高兴,就几天不管我。

陈白露：那你当然不必再管他，这不是省你许多事。

顾八奶奶：那……那也不能这么说。我觉得……所以胡四尽管待我不好，我对他总有相当的情分。

[译文]

GU：(with a long sigh) Heaven only know what he's doing! I haven't seen a thing of him for the past couple of days. I've phoned, written, gone to see him myself, but he's never in. What do you think of a man like that, after all the money I've spent on him and after lavishing my affection on him, and now look what he does: at the first little thing that upsets him he goes off and ignores me for days on end.

BAILU：In that case you've every right to ignore him, and save yourself a lot of bother.

GU：No… that's not the answer. … So no matter how badly Hu Si treat me, I shall always have a certain amount of affection for him.

——《日出》(*Sunrise*)

顾八奶奶是《日出》中刻画的一位有钱却俗不可耐的孤孀，她觉得自己花钱在胡四身上，却换不来真情很是懊恼。陈白露对此流露出不屑与无奈，就评论一句"你当然不必再管他"，而对方立刻补上一句"那也不能这么说"，即刻取消了"不必管他""乐得清闲"的劝说之含义，反而再次强调了两人之间的"情分"。这一组对话的含义，在翻译时，使用 that's not the answer，礼貌客气地取消了陈白露规劝她的用意，并为后续的解释做好了铺垫。英文读者也可以完全理解原作中顾八奶奶的用心。

(三) 不可分离性与翻译

话语的不确定性决定话语的含义在特定的情况下可以被取消。但在有些情况下，某些话语的含义是固定的而无法取消。这被称作话语含义的不可分离性，指的是话语含义由话语的命题所决定，即同一个话语命题可以通过不同的话语形式表现出来。话语的不可分离性常用来表达讽刺、幽默的含义。例如：

[例 26]

陈白露：你别**这么猴儿似的**，你坐下吧。

……

顾八奶奶：喂，博士，你别老这么**叽里呱啦地翻洋话**好不好？

[译文]

BAILU: Don't **keep frisking around** like that; sit down, why don't you?

GU: Doctor Zhang, I wish you wouldn't **keep talking that foreign gibberish**.

——《日出》(*Sunrise*)

这一幕出现在张乔治出场之后。他先是对爱慕对象陈白露献殷勤，又大大卖弄了一番蹩脚的英语，于是在场的陈白露和顾八太太说了这么两句话。陈白露用"这么猴儿似的"来表达一种讥讽，暗指张乔治一番出丑卖弄太过荒唐。英语译文使用"frisk around"（在周边跳跃嬉戏）来描述其行为，也是考虑了直译 monkey 可能无法揭示汉语中"猴儿似的"之含义，英语观众无法理解其中的会话含义，所以直接意译处理。而顾八奶奶对蹩脚英语的评价"叽里呱啦地翻洋话"更是一种嘲弄。汉语中"叽里呱啦"本身就是一个含糊之词，在这里暗示张乔治的英语根本就是稀里糊涂，所以译文直接选用了"gibberish"（喋喋不休的瞎扯）这个词，无论从形式上还是含义上都翻译得非常到位。

（四）可推导性与翻译

可推导性指的是听话人一方面根据话语的字面意义，另一方面根据合作原则的各项准则，推导出相应的会话含义（何自然，1988）。言语交际中，即使人们能凭直觉感到它的存在，也必须依据一定的证据来确定话语的会话含义，否则这种意义也只能是话语的常规意义。翻译中，译者须根据交际中的各种主客观语境因素，来确定话语的含义，顺应原语的意图将其恰如其分地翻译出来。例如：

[例27]

四凤：好，您歇着吧，我要上楼给太太送药去了。

鲁贵：你先等一会儿，我再说一句话。

四凤：(打岔)开午饭了，普洱茶先泡好了没有？

鲁贵：那用不着我，他们小当差的早侍候到了。

[译文]

FENG: Well, if you'll excuse me, I'll take this medicine up to the mistress.

LU: Just a minute, I've got something else to tell you.

FENG: (in an effort to change the subject) It's nearly lunchtime. Have you made the Yunnan tea yet?

LU: That's no concern of mine. The girls will have seen to that.

——《雷雨》(*Thunderstorm*)

这一段对话开始之前，鲁贵向女儿四凤吹嘘自己，连哄带骗地想问四凤讨点钱再去还赌债。四凤没有配合继续原来的话题，而是打起岔来。鲁贵提出"再说一句"，四凤立刻转移了话题，问起"(老爷的)普洱茶泡好了没有"。读者通过语言表面的不关联，再结合上下文语境，可以推导出其中的含义，可以认定：四凤转移话题是因为她不愿意再听父亲继续啰唆下去，更不想借钱给他去还赌债，以此衬托出鲁贵极端贪婪、好吃懒做的品性，连亲生女儿都无法容忍。

[例28]

吴祥子：瞎混呗！有皇上的时候，我们给皇上效力；有袁大总统的时候，我们给袁大总统效力；现而今，宋恩子，该怎么说啦？

宋恩子：谁给饭吃，咱们给谁效力！

[译文]

Wu Xiangzi: Oh, muddling along! When there was an emperor, we served him. When there was President Yuan Shikai, we

served him. Now, Song Enz, how should I put it?
Song Enz: Now we serve anyone who puts rice in our bowls.

——《茶馆》(*Teahouse*)

在《茶馆》中,吴祥子和宋恩子两个人物是反派代表,这组对话凸显出他们毫无原则与信仰,是"墙头草",谁给好处就帮谁做事。这种贪婪、蛮横性格的刻画让人印象深刻。吴祥子提到的"皇上""袁大总统"分别指清政府和复辟的袁世凯政府,宋恩子总结了这段话的意思为"谁给饭吃就给谁效力",这里的"饭"指的是"钱和好处",译文采用直译的形式 who puts rice in our bowls(谁把米饭放在碗里),读者可根据上文吴祥子的话做出理解性推断,了解其中的含义。

(五)非规约性与翻译

会话含义并不是指话语的规约意义(conventional meaning),并不是仅仅表达字面含义,而是通过合作原则中各项准则,通过话语的字面意义结合语境所做的理解性推导。字面意义是固定不变的,但会话含义则视语境的不同而变化。例如,It's hot inside. 在某一特定语境中可能产生"开门开窗"这样的会话含义,而在另外一些语境中则可能产生其他的一些会话含义,也可能是"我想出去走走"。这就要求译者理解到位,做出最优判断给出最优译文。译者需要明确:① 看原信息发送者是否违背了合作原则下的任何一个或几个准则,如果违背了,为什么会违背,又产生了怎样的会话含义;②如果会话含义中的明说不是当前语境下的暗含,那么译者就应该试图在目的语中寻找语用功能上对等的表达方式来把这一会话含义传达给译文读者。

[例29]

王利发:那么,您就不想想主意,卖卖力气,别叫大家作亡国奴?
崔久峰:我年轻的时候,以天下为己任,的确那么想过! 现在,我可看透了,中国非亡不可!
王利发:那也得死马当活马治呀!

崔久峰：死马当活马治？那是妄想！**死马不能再治，活马也早晚得死**……

[译文 1]

Wang Lifa: But we must **try to save her**!

Cui Jiufeng: Save her? That's just wishful thinking! **A corpse can't be brought back to life.** Everything dies sooner or later…

[译文 2]

Wang Lifa: But we must **try to breathe new life into her**!

Cui Jiufeng: New life into an old corpse? Nonsense. **What's dead is dead.** Everything living must die sooner or later.

——《茶馆》(*Teahouse*)

这一幕对话发生在袁世凯死后，帝国主义扶植各派军阀，中国进入军阀混战的割据时期，茶馆掌柜对曾做过国会议员的崔九峰充满期待，希望从其口中听到"不做亡国奴"的办法。"死马当活马治"是一句中国传统俗语，意思是"在绝望的情况下去尝试最后的解决办法"。王利发在听到崔议员"中国迟早会灭亡"的评论后，不禁发出的感叹之语，他想表达的想法是：即使中国处于危险之中，也有法子能救吧。而崔久峰作为颓废的旧民主主义代表，对时局悲观失望，认为绝无出路，国必亡。所以，他在这句俗语的形式上做了延伸，即"要医治死马（救国）是妄想"。两种译文对"死马当活马治"的处理都比较贴切，都译出了"尽力救命"的含义；而对"死马不能再治"的处理，译文 1 使用"a corpse can't be brought back to life"（尸体无法复活），在含义和句式（否定）上都保持与原文的一致，译文 2 使用 What's dead is dead（死去的终究死去）来表述含义上的一致。两种译文都没有直译"马"为"horse"，也是充分考虑了译入语读者和观众的接受程度，都以更易理解的表述来翻译中国的传统俗语，也表达出俗语中的非规约意义。

从上述五个方面可见，以合作原则的角度看，译者只有在确定了交际者是遵守还是违反了合作原则的前提下，才能理解交际者真正的交际意图,才能在目标语中寻找语用功能上对等的表达方式来把这一意图传达给译文读者,即再现会话含义,再现会话含义并不意味着译者要把原语信息发送者思想中的每一个细节都通过译文表达出来,因为会话含义的推导并不是要使一切隐含的东西都明朗化,而是指导译者以一种更灵活可行的方式,用更自然、真实、贴切的语言来再现会话含义。如果译文能够既保持与原文一一对应的形式,又能传达原文中的会话含义,那么逐字翻译是较好的方法;否则,译者就不得不牺牲形式,而保留话语所隐含的会话含义了。

五、言语行为理论在剧本英译中的运用

言语行为理论旨在解释语言是怎样用之于"行",体现了"言"则"行"的语言观。第二章提及塞尔对奥斯汀划分的三种言语行为进行了修正,提出了间接言语行为理论,即在了解语言字面意义的基础上再推断出其间接用意,即句子间接表达的言外之意。语用翻译模式是一种等效翻译观,力求翻译中的语用语言等效和社交语用等效。在交际过程中,话语意思与实际意义相差甚远。译者力求使译文获得与原文等同的效果,就必须注意原文文本的语用用意,即言语行为理论中的施为用意。语用用意有表示字面用意的明说性语用用意和表示言外之意的暗示性语用用意。翻译时更应认真研究原文文本的暗含用意,力求使译文真实表达出作者原有意图。在翻译过程中,译者应在准确理解原作内容的前提下,根据原文提供的语境理解言外之意,准确传达原作/说话人的意图,以实现语用意义的等值转化。下面我们将分别探讨以言指事行为、以言行事行为、以言成事行为等在戏剧翻译实践过程中的具体应用。

(一)以言指事行为与翻译

以言指事行为是指信息的发出者根据其交际的目的,将词组成句,并按照其语言习惯用正确的语言表述出来。以言指事行为所表达的是字面或表层意义。英汉两种语言在词、句层面大多可以对应,但是由于这两种语言的语音系统差别较大,因此有时难以达成等值的语音效果来完成

互译。戏剧剧本的台词中有时也考虑押韵等汉语语音习惯,在英译本中不易实现对等表达。例如:

[例 30]

沈氏:咳,眼前一枝花!

克定:柳腰一掐掐!

[译文]

Shen: The night is young, the bride is **tender.**

Keding: Her eyes are bright, her waist is **slender.**

——《家》(*The Family*)

这是高克定和妻子沈氏在侄儿觉新的新婚酒席间的一段对白,他们正与新郎敬酒贺喜。夫妻二人一唱一和,赞赏新娘年轻貌美、身姿婀娜。高克定属于"坐吃山空的败家子",受父亲庇护,挥金如土,他二人口中的对白符合汉语中诗词结构对仗、语音押韵。译文的处理也相当巧妙,既译出了新娘"一枝花"的娇嫩美貌(tender)和纤细腰身(slender),又保证了语音上的押韵,实现了功能上的完全对等。

另外,英、汉语中经常出现的双关现象,无论表现形式为哪种,双关语都会表达两重含义。译者应当灵活变通,调整语言形式,以不同的双关语翻译或改译原文,尽可能求得形式和表意上的统一,基本达到功能对等,前提是不能破坏原文的主旨和文化内涵。例如:

[例 31]

鲁:(大哭)这真是一群强盗!(走至周萍面前)你是萍,——凭——凭什么打我的儿子?

萍:你是谁?

鲁:我是你的……你打的这个人的妈……

[译文]

MA: (breaking down) You are hooligans, too! (Going across to Zhou Ping.) You're **my — mighty** free with your fists! What right have you to hit my son?

PING: Who are you?

MA: I'm your—your victim's mother.

——《雷雨》(*Thunderstorm*)

这一幕中,鲁侍萍面对(自己和周朴园的)儿子周萍,脱口而出"你是萍——",在语音上,"萍"和"凭"是同音词,由此产生了同音双关的修辞效果。这里"你是萍——"过后的停顿,暗含的意思是:"你是萍儿,是我的孩子,我是你的亲生母亲呐!"鲁侍萍30年未见过的儿子就在眼前,一方面内心的激动难以掩盖;另一方面又意识到自己与周萍的身份相距甚远,无法母子相认。迟疑过后,她只能回到现实语境中,转而借"ping"这个发音,反问"凭什么打我儿子"。两个 ping 发音的不同汉字产生了戏剧性的双关效果。在译文中,译者选用了 my 和 mighty 两个英文中常见的语音修辞手法"头韵",无论词形、发音还是语义双关上,都起到了近乎对等的语用效果。

(二)以言行事行为与翻译

翻译中根据语境辨认原文的以言行事行为十分重要,因为字面意义往往不是原作者的真正用意。译者需要识别和区分以言指事行为和以言行事行为。交际中的话语方面表达了其字面意义,同时表达了其所隐含的意义,即该话语所表达的以言行事行为。例如:

[例 32]

狗儿爷:去就去,找到大乡长,连你们大伙儿一齐告!

苏连玉:狗儿哥哎,您去也白去,我刚从乡里回来,听说**来了两个日本客人**,乡长正陪着喝酒呢!

[译文]

Uncle Doggie: All right, I will go then, and once I get to see this high ranking leader, I'm going to sue all of you for conspiracy.

Su Lianyu: Oh Brother Doggie, don't be silly, I just came back from town, and they told me that the **township leader was en-**

tertaining two Japanese visitors, having a drink with them.

——《狗儿爷涅槃》(*Uncle Doggie's Nirvana*)

狗儿爷的门楼要被强拆充公,他气愤不已,人虽然已经疯癫,却思路清楚,要到乡里去找大领导告状。苏连玉回应"听说来了两个日本客人,乡长正陪着喝酒呢",这句话并不是要陈述乡长陪日本客人这个事实,而是隐晦地告知狗儿爷:去告状是没有用的,乡长正忙着,不会理会。这句话字面意思的背后隐含着"劝诫"的含义,即阻止狗儿爷上访告状。在译文处理中,联系上下文,英文读者也可以完全理解其中蕴含的意义,所以在翻译时,只要直译出话语的字面含义就可以达到此目的。

翻译强调意义对等并再现原文话语的含义。英汉两种语言文字,词汇含义都颇为丰富,英语词汇词性变化灵活,除了部分专有名词、科技语等之外,绝对等意的词为数不多。译者需要在不同词义选项中挑出最贴切的一项,所以正确理解原语至关重要。这就要求译者务必联系上下文来分析词汇搭配,准确达意,不能仅从文字的表层来理解深意。

(三)以言成事行为与翻译

以言成事行为,是指在以言行事行为实施完成后会在读者或听众中产生什么样的影响和效果。读原作,对于其中人物或所描述事件产生种种感受到启发再到深入思考,都是原语作者希望通过其作品对读者产生的影响,这就是作品的成事行为,也就是作者力图实现的效果。由于认知环境及语言文化的不同,原文在原语文化语境中产生的效果,译者不一定能使之在目的语中重现。但译者应能使其译文对接受者产生的影响和效果接近或类似于原作给原语读者所带来的影响和感受。即使是文化负荷偏重的原文,译者通过周全的分析和准确的判断并在此基础上制定适当的翻译策略,也能在译文中准确有效地传达原文文化语境意图传达的信息。例如:

[例33]

鲁:给我。你这手枪是哪儿弄来的?

大：从矿上带来的，警察打我们的时候掉的。

鲁：你现在带在身上干什么？

大：(狞笑)没有什么，周家逼得我没有路走，这就是一条路。

[译文]

MA: Give it to me. Where did you get it from?

HAI: I brought it from the mine. Police dropped it in the scuffle when they fired on us.

MA: What have you got it on you now for?

HAI: (Smiling grimly) It's nothing, really. If the Zhous **drive me to the wall**, this will be one way out.

——《雷雨》(*Thunderstorm*)

这一幕中，鲁大海随身带着一把手枪(警察遗漏的枪)，鲁妈询问为何随身带着。大海回答"逼得我没有路走，这就是一条路"，这条路就是带着武器走上反抗资本家剥削的道路。译文直译 drive me to the wall 指把人逼上绝路，符合原文表达。This will be one way out 指"这是一条出路"，与原语中的"这就是一条路"在形式上有所差异，结合上下文语境所表述的含义是一致的。

(四)间接言语行为与翻译

言语交际中的间接言语行为往往存在于某一特定语境之中，同样的句子在不同语境下，可以用来表达不同的言语行为，如疑问句常常被用来表示建议、警告等。这种间接言语行为是话语字面意义所隐含的含义。译者必须充分利用语境来理解此话语，并判断出说话人的真实意图，把该话语间接实施的真正言语行为在译文中充分表达，从而实现语用语言等效。例如：

[例 34]

周朴园：(向下人)跟太太说，叫账房给鲁贵同四凤多算两个月的工钱，叫他们今天就走。去吧。

周　萍：爸爸，不过四凤同鲁贵在家里都很好，很忠诚的。

周朴园：嗯，(呵欠)我很累了。我预备到书房歇一下。你叫他们送一碗浓一点的普洱茶来。

[译文]

ZHOU：(to the servant)Tell the mistress that the office is to give Lu Gui and Sifeng two months' extra pay, but they must leave the house today. That's all.

PING：But, Father, Sifeng and Lu Gui have both been excellent servants, and very loyal.

ZHOU：H'm. (Yawning)I'm tired. Think I'll go and have a rest in the study. Tell them to bring me a cup of Yunnan tea—strong.

——《雷雨》(*Thunderstorm*)

这一幕是周朴园得知昔日为自己生下孩子的侍萍没死，而是下嫁鲁贵又生了女儿四凤。他为了保全自己的名声和地位，决定打发他们父女俩离开周公馆。周萍对这些缘由毫不知情，出于对四凤的情感，竭力帮着父女俩说好话，希望可以留住人，然而周朴园对儿子的建议避而不谈，没有正面回应，谎称自己累了需要休息。其实他隐含的间接言语行为是：我这样做的原因是错综复杂的，你没有必要知晓真相，你必须接受我的安排。这里的译文处理自然流畅，英文语境下对这一场景的理解起到了同样的效果。再如：

[例 35]

蘩漪：(恳求地)留着我晚上喝不成么？

周朴园：(冷峻地)蘩漪，当了母亲的人，处处应当替孩子着想，就是自己不保重身体，也应当替孩子做个服从的榜样。

[译文]

FAN：(pleading)Can't I leave it now and take it in the evening?

ZHOU：(with icy severity)：Fanyi, as a mother, you've got to be constantly thinking of the children. Even if you don't particularly care about your own health, you should at least set the children an example by being obedient.

——《雷雨》(*Thunderstorm*)

这是周朴园逼繁漪吃药的场景。周朴园面对繁漪"留到晚上再喝"的请求,没有给出"可以"或"不可以"的回答,相反,他提醒她作为一个母亲的责任——要为孩子立个服从的好榜样。在他眼中,家有家规,只有所有的家庭成员都严格遵循他定的家规行事,他才能建立起一个最圆满、最有秩序的家庭。从这一席话中,我们看清了他的冷漠、严厉、专横和不近人情。这里他用陈述的语气说话,并未使用命令式的祈使句,却将实际含义表达到了极致:以平和的语气命令甚至是逼迫繁漪立即喝药。由此,我们可以发现:相同的词汇和表达方式在不同的语境下,可以用来表达不同的言语行为,如疑问句、祈使句、陈述句并非一直是用来表达"疑问、命令、断言"等常规性的言语行为,也可能实施间接言语行为。这就要求译者充分考虑间接言语行为因素,恰当进行处理。

综上,翻译的最高目标是用目的语把原文作者的意思准确地再现出来,使译文与原文在所传递的信息上和表达效果上"等值"。从言语行为理论的角度论述翻译,就是要求译者正确领会原作者的主观动机或意图以及在原作读者身上产生的客观效果;力求在译文中对等地传达这种主观动机与客观效果,以使原作信息对原文接受者的作用与译作信息对译文接受者的作用基本相同。因此,从言语行为理论的角度对翻译等值论进行再认识对戏剧翻译研究有积极的贡献。一方面,它可以促使译者从以语法或语言形式为中心转向以言语功能为中心,从以单句为中心转向以整个话语为中心,从以语言本身为中心转向以语言使用者及语言环境等为中心;另一方面,言语行为理论能使译者从理论上更加充分科学地认识翻译的目标与过程,能够更加具体而实用地指导译者的翻译实践。

六、礼貌原则在剧本英译中的运用

作为言语交际中的普遍现象和重要交际策略,礼貌的得体运用可以促进人类交际,最大限度地削弱人类交际的潜在冲突和对抗,改善人际关系。因此,礼貌现象是语用研究中不可缺少的内容。礼貌在跨文化交际中具有灵活性和多样性的特点。基于格莱斯的"合作原则"而提出的"礼貌原则"(Leech,1983;何自然,1997;顾曰国,2001)对语言的使用有广泛的描述力,是人们在会话中尽力遵守和维持的原则。翻译属于跨语言的社会活动,是文化交流的桥梁,译者在处理翻译文本时,要充分考虑礼貌的共性和个性,让目标语读者体验到原文文化所蕴含的礼貌因素。

(一)礼貌准则与翻译

利奇提出的"礼貌原则"包括六大准则,概括起来是正反相辅的三条:一是"得体与慷慨",即要求会话中尽量避免有损于他人和有利于自己的表达;二是"赞誉与谦逊",即要求在会话中尽量少赞誉自己,多赞誉对方;三是"一致与同情",即要求在会话中尽量减少或避免与对方出现分歧和对立,增加相互的一致性和共同点。顾曰国(1992)根据汉语言文化中的礼貌特征,在利奇的理论框架基础上个性化地提出了更符合汉语表达的"礼貌原则":贬己尊人准则、称呼准则、文雅准则、求同准则和德言行准则。在中英互译的文本翻译过程中,对于两种文化语境中所蕴含的礼貌原则,译者需力图平衡原语文化特色和译文的可接受性,充分考虑两种语言文化背后的礼貌原则应用。

[例36]

张乔治:这是李石清,李先生,大丰银行的秘书,潘四爷面前**顶红的人**。

李石清:**不敢,不敢**。这位**贵姓**是——

张乔治:这是我从欧洲一块回来的老同学,他姓这个,姓这个——

方达生:我姓方。

张乔治:(打着脑袋)对了,你看我这个记性,姓方,方先生!

李石清:久仰!久仰!

[译文]

GEORGY:(turning to Dasheng)This is Mr. Li Shiqing, secretary at

the Dafeng Bank, Mr. Pan's **right-hand man**.
LI: **Not at all**, not at all. And this **gentleman** is—
GEORGY: This is an old fellow student of mine who came back from Europe with me, Mr. —er, Mr. —
DASHENG: Fang.
GEORGY: (striking the side of his head) Of course, what a terrible memory I've got, yes, Fang, Mr. Fang.
LI: **Pleased to meet you.**

——《日出》(*Sunrise*)

这一段对话中,张乔治极力抬高李石清,说他是"潘四爷(银行经理)面前的红人",符合"赞誉准则";李石清回应说"不敢不敢",表达了自己的谦虚态度,符合"谦逊准则";又用"贵姓"表现出对方达生的尊重,符合"得体准则"。接下来,张乔治介绍方达生时,忘记了姓氏,于是赶忙责怪自己记性不好,其实他们相识于回国的船上,仅一面之缘,这里符合"慷慨准则",以拉近两人的距离。李石清的传统表述"久仰久仰",是中国传统的客套话,也是努力抬高对方让对方受益,也符合"得体准则"。在译文中,"红人"根据汉语的字面意思等译为 right-hand man(得力助手),强调个人能力强,却也缺失了汉语文化背景中隐含的"受重用、得领导赏识"的隐含意味,些许降低了"赞誉准则"的饱和度。"久仰"是汉语中经常使用的寒暄词语,是初次见面为表尊敬而使用的问候语。这里译文选用 pleased to meet you,以求达到语用等效。再如:

[例 37]
方达生:(望望白露,又周围地望望)这几年,你原来住在这么个地方!
陈白露:(挑衅地)怎么,这个地方不好么?
方达生:(慢声)嗯——(不得已地)好!好!

[译文]
DASHENG: (looking across at her, then looking around him) So this is where you've been living all these years.

BAILU: (challengingly) What do you mean, is there something wrong with it?

DASHENG: (slowly) Um—(feeling that he has no alternative) no, no, it's all right.

——《日出》(Sunrise)

这是方达生第一次到陈白露的住所时发生的一段对话。方达生的语气中带着不可思议,认为她不应该住在酒店的房间里。于是陈白露带着挑衅的语气反问一句"这个地方不好吗",方达生不情愿地配合做了肯定回答,尽量减少双方的分歧,促成交际,符合"一致准则"和"同情准则";在译文中,"这个地方不好吗"译为 is there something wrong with it(住这儿有什么问题吗),用疑问句式译出了原文否定反问的含义,于是原文中的回答"好"在译文中就成了否定回答"No",从语用功能对等的角度上看是成功的译文。

[例 38]

蘩:那就对了,我记得好像她比我的孩子大一岁的样子,这样年轻的孩子,在外面做事,又生的很秀气的。

鲁妈:(急切地)四凤有什么不检点的地方么?请您千万不要瞒我。

[译文]

FAN: Oh, yes, that's right. I remember now, she does look about a year older than my son. Yes, so young, so attractive—and working away from home.

Ma: (anxiously) Look, if Sifeng's done anything that she shouldn't have, you must tell me. Please don't keep anything from me.

——《雷雨》(Thunderstorm)

这是周家的女主人蘩漪和年轻女仆四凤之母鲁妈的一段对话。女主人称赞四凤"生的很秀气",这在中文语境里是反常规的,因为在当时社会阶层分化的年代,女主人不可能平白无故去夸赞仆人。对此身为下等人的鲁妈即刻意识到女主人话中有话,说明对女儿的表现不太满意,于是马上急切地回应:"是不是有什么不检点的地方",这符合一致准则与同情准则。在这里,繁漪所说的"秀气"暗指"四凤勾引大少爷周萍",所以在译文中没有用 pretty 而是使用 attractive,强调了这一含义;鲁妈回答的两句之间有"条件"关系,所以译文采用了 if 引导的从句代替了疑问句句式,更突出了两句话之间的关联,外国读者和观众也更容易理解。

(二)面子策略与翻译

"面子"一词来源于汉语,西方社会学家从 20 世纪 50 年代才开始研究这一现象。戈夫曼(Goffman,1967)认为,面子是一种个人自我体现,人们在社会交往中总是希望为自己赢得正面的社会价值。既要尊重别人的面子,又要考虑自己的面子,于是礼貌就成为有效的语用手段。人们往往遵循"求同准则",通过表明自己与对方之间某些方面的共同之处来满足对方的积极面子,或采取以回避为基础的策略,通过承认并尊敬对方的消极面子需要,不干预对方的行为自由来满足对方的消极面子。如果违反了这些准则与策略,就会让人觉得"丢面子"。

布朗和列文森(Brown & Levinson,1978)在此基础上提出了"面子保全论"(Face-saving Theory),将面子作为一种普遍的语言现象来进行研究,将面子分为正面面子(positive face)和负面面子(negative face),正面面子指的是希望得到别人的赞同、喜爱;负面面子指不希望别人强迫自己,希望自己的行为不受外界干涉阻碍。如果人们在交际中要相互合作,就需要顾及礼貌,要在保留面子方面进行合作,使交际在和平友好的气氛中进行,顺利地实现交际目的。布朗和列文森认为,对交际者正面面子构成威胁的言语行为包括做负面评价(如指责、批评、讥讽、反驳、争执等)、体现不关心或漠视(如不顾听话人感受、谈及隐私等)、行为上的不合作(如打断谈话、顾左右而言他等);对交际者负面面子构成威胁的言语行为包括让听话人做某事(如命令、请求、建议、提醒、威胁等)、让听话人接受或拒绝(如提议、许诺等)。例如:

[例 39]

陈白露:(讽刺地)怪不得你这么聪明了。

顾八奶奶：我告诉你，**爱情是你甘心情愿地拿出钱来叫他花，他怎么胡花你也不心痛**，——那就是爱情！——爱情！

陈白露：怪不得常听人说**爱情是要有代价的**。

[译文]

BAILU: (mockingly) No wonder you've become so clever.

GU: I tell you, love is when you willingly give him money to spend and don't mind how he squanders it that's what love is! Yes, that's love!

BAILU: That explains why I'm always hearing it said that love has its price.

——《日出》(*Sunrise*)

顾八奶奶是一个用金钱疯狂追求爱情的富有遗孀，她既清醒又糊涂，一边追求属于自己的真爱，另一边又明白大把花钱就能买来所谓的"爱情"。这一段对白中，顾八奶奶谈到自己终于明白了爱情是什么，陈白露就嘲讽地说"怪不得你这么聪明了"，这正是对顾八奶奶正面面子的损害。对方也心知肚明，一方面为了维护自己的面子，继续解释什么是"爱情"，另一方面感慨自己遇到了真爱（那就是心甘情愿给对方花钱）。面对这种回应，陈白露为了继续保持双方会话的顺利进行，总结了一句"爱情是要有代价的"，既点出了顾八奶奶"花钱买爱情"的本质，也算是维护了对方的面子。在译文中，这种嘲讽和调侃的话语风格通过直译也得以等效呈现。又如：

[例 40]

朴：……冲儿，你看你母亲的气色比以前怎么样？

冲：*母亲原来就没有什么病。*

朴：（不喜欢儿子们这样回答老人的话）谁告诉你的？我不在的时候，你常来问你母亲的病么？

[译文]

ZHOU: ... Well, Chong, how do you think your mother looks com-

pared with her usual self?
CHONG: There's never been anything wrong with her at all.
ZHOU: (who does not like having his sons answer him back like this) Where did you get that idea from? I hope you made it your business to inquire after your mother's health all the time I was away.

——《雷雨》(*Thunderstorm*)

这是周朴园叮嘱繁漪上楼休息,顺便想从小儿子口中得到支持,问问病情是否减轻。而周冲的回答显然造成了负面威胁,"母亲原来就没有什么病"这句话完全否定了"母亲身体不适"的主题。作为一家之主,周朴园根本不能接受自己的权威受到质疑,于是自己补充了一句"你常来问你母亲的病吗",隐含的意思是"你根本没有每天都来看母亲是否身体抱恙,是你不细心,没有发现母亲生病,你的质疑无效"。这样一来,他自己弥补了面子的缺失,也结束了一段尴尬的对话。译文中,最后一句周朴园的话译作 I hope you make it… 这个虚拟结构,暗指"其实你并没有这么做",与原文想要表达的意图是完全一致的,做到了语用等效。

综上,礼貌作为普遍的社会现象,是特定文化思维、价值、判断等在特定语言中的反映。不同文化背景下,人们表示礼貌的方法、判断礼貌的标准也大不相同。合作原则是言语交际活动的有效保障,礼貌原则就如同交际双方的润滑剂,使整个交际活动在和谐友好的气氛中进行,保证了言语交际的顺利进行。在翻译过程中,译者要把握好礼貌原则和合作原则的运用。注重礼貌用语、礼貌原则时,也要注意中西方文化的异同,特别是礼貌的不同标准。应该如实地将话语的意图或说话人的意图表达出来,再现原文的文体风格特征,以求实现译文与原文的语用语言对等和社交语用对等,从而得体准确地传递原文信息。

七、关联理论在剧本英译中的运用

翻译是语际间一种明示—推理的阐释活动,本质上是译者在原语认知语境与目的语认知语境之间寻求最佳关联性的过程。译文话语的内在关联性越强,读者和听话人在话语理解过程中须付出的推理努力就越少;内在关联性越弱,则读者和听话人须付出的推理努力就越多。为使两者的语境效果接近一致,译者有必要提供与译文读者最相关联的语境,使译文读者和听话人能以最小的推理努力来获得最大和最佳的语境效果。

(一)明示—推理交际模式与翻译

Sperber 和 Wilson 将明示—推理交际定义为:说话人发出一种刺激信号,使之对交际双方互明(mutually manifest),通过这种刺激信号,说话人向听话人明示一系列的命题。明示不等于听话人明白说话人意图,听话人还需要通过推理,才能理解话语的含义以达到交际的目的。翻译并非一种简单的言语活动,它是一种三元关系,涉及原作者/说话人、译者、目的语读者/听话人三种对象。原作者/说话人是信息的发出者,目的语读者/听话人是信息的接收者,而译者则是以译文为载体向读者/听话人传达信息的传递者,译者既要忠实于原作者,又要服务于译文读者。他所进行的翻译活动同样是一个明示—推理过程。

"明示"是对说话人而言的,表示"明确地向听话人表示意图的一种行为"(Sperber & Wilson,1986)。如果听话人能明白说话人发出的"明示"行为,那么我们可以说这种行为对听话人显映,译者只需要直译即可表达出全部含义。明示行为可以是语言的也可以是非语言的,这种复杂性在戏剧中更为常见。"推理"模式认为,交际是说话人提供他所要表达意图的前提,听话人根据前提,结合共有的语境和理解力而推断出说话人意图的过程。推理过程始于前提(premises),终于结论。

关联的认知原则表明,人类的认知常与最大关联相吻合;关联的交际原则表明,每一个明示交际行为都设想它本身具有最佳关联。关联推理是在假定话语具备最佳关联的基础上进行的,听话人通过扩充语境和推理寻找符合关联原则的话语释义。翻译的成功也取决于原文作者/说话人与译者之间、译者与译文读者/听话人之间能否按照原文的明示,通过努力寻找到最佳关联来理解原文的语境,并使所表达的原文话语的语境意义能在读者/听话人的认知环境中产生相同的语境效果。来看几个例子。

[例 41]

老林：那个，你看，我们俩是把兄弟。

老陈：对！把兄弟，两个人穿一条裤子的交情！

[译文]

Lao Lin: Well, it's like this, we're sworn brothers.

Lao Chen: That's right! Sworn brothers, so close we'd share the same pair of trousers.

——《茶馆》(*Teahouse*)

这段对话中，汉语"把兄弟"的明示含义相当明显，译文使用 sworn brothers 直译出其字面含义。老陈的回答将两人间的情谊作了解释说明，进一步强调他们关系极好，是"穿一条裤子"的交情。译者在翻译这句汉语口语俗语时，采用了直译的方式，是明示性解释，目的语读者不会产生歧义，两个语言版本实现了最佳关联。

[例 42]

常四爷：上哪儿！事情要交代明白了啊！

宋恩子：你还想拒捕吗？我这儿可带着"**王法**"呢！（掏出腰中带着的铁链子）

[译文]

Chang: Where to? I demand an explanation!

Song Enz: Oho! So you're resisting arrest? Look, I've got the "law" here with me! (Pulls out the iron chain from under his gown)

——《茶馆》(*Teahouse*)

宋恩子是个特务角色，狡猾凶狠、贪婪无耻。这一段对话中，他要抓捕常四爷问话，常四爷提出质疑，宋恩子立刻亮出随身带着的"铁链子"，以显示自己的"权威"。在言语交际中，明示行为可以是语言，也可以是非语言,在这里"铁链子"就是一种实物性明示,与汉语里的"王法"对应。说话人和听话人做到了互明。在译文中,直译为 law,再加上剧本中本来就添加的解释性词语,也为目标语读者留足了联想空间,不会影响对原文的理解。

(二)关联语境与翻译

关联理论把关联定义为"命题与一系列语境之间的关系"。言语交际中,交际者通过经验或思维已经把有关的具体语境内在化、认知化。听话人根据其自身认知语境的理解,构建一系列的语境假设,并借助演绎推理而获得说话人的话语意图。话语语境是用以解释该话语的前提。交际成功的关键是作者/说话人如何根据自己的认知环境从全部假设里设法选出切合实际的而又试图传达的那些假设。一个话语片段,只有当它能够产生语境效果时,才能说明它具有相关性。相关程度与语境效果成正比,语境效果越大,相关程度越高。翻译就是通过对语境的分析,找出原文与语境之间的最佳关联,从而取得理解原文的语境效果。为得到最佳关联,译者要根据语境从原文中推导出原作者的真实意图。译者不仅从语义上推理,而且要把语义发出的各种假设信息与语境解释推理结合起来,更要顾及原文的语境和译文读者/听话人的认知环境,最终确定语境的深层意义。

[例 43]

康顺子:……这年月不是天天抓人吗?我不能做对不起你们的事!

周秀花:大婶,您走您的,谁逃出去谁得活命!喝茶的不是常低声说:**想要活命得上西山吗?**

[译文 1]

Kang Shunz: People are getting arrested all the time. I don't want to let you down.

Zhou Xiuhua: Now, aunt, you just go ahead. You'll have a chance to live if you go away. Customers are always whispering to each other, "if you want a chance to live, go to the Western Hills".

[译文 2]

Zhou Xiuhua: Auntie, you've got to look after yourself. Getting out of here means a new chance to live. Aren't our customers always whispering: if you want to live you should go to the Western Hills? That's where the Communist Eight Route Army is.

——《茶馆》(*Teahouse*)

康顺子收养的儿子康大力去西山参加了革命,她准备去投奔儿子却又担心连累了茶馆。周秀花劝慰她安心去。这里提到的"西山"是当时八路军游击区,老百姓都用"西山"来暗指八路军。译者首先要明确原作者的意图,从语义和语境两方面进行推理,明确在剧本所处的语境中,不可能直呼"八路军",因为当时正是国民党白色恐怖时期,都只能用暗语还不可张扬。因此,译文 1 直译为 Western Hills,是符合原语语义和语境的最佳关联,而译文 2 为了使目的语观众理解更透彻,意译为 where the Communist Eight Route Army is(八路军的驻地),这虽然帮助目的语读者(观众)即刻理解了"西山"的含义,却不符合原剧本的语境,降低了相关程度。

(三)最大/最佳关联与翻译

Sperber 和 Wilson 在明确区分认知关联原则和交际关联原则的同时,也区分了最大关联和最佳关联。那就是认知关联原则是关于最大关联的,交际关联原则是关于最佳关联的。其定义为:①人类认知倾向于追求关联最大化;②每一个明示交际行动都传递一种假定,即该行动本身具备最佳关联。人们在认知领域追求"最大关联";在交际领域却追求"最佳关联"。"最大关联"与"最佳关联"的最主要区别在于,它们处理问题的角度不同。最大关联等于"产出与投入之比最大,即产出的效应最大,努力最小",这里都是相对于听话人而言的。"最佳关联"是要"要考虑说话人的能力和意愿"。即考虑到说话人利益,在说话人能力和意愿允许范围内的最大关联就是"最佳关联"。例如:

[例 44]

鲁贵:你妈要还是那副**寡妇脸子**,我就当着你哥哥的面上不认她,说不定就离了她,别看她替我养个女儿,外带来你这个倒楣蛋哥哥——

[译文]

LuGui: If she tries to **put on airs and come the great lady over me** this time, I'll disown her, and in front of your brother too! I may even divorce her, even if she has given me a daughter—and brought along that come-by-chance of hers into the bargain!

——《雷雨》(*Thunderstorm*)

这段话是鲁贵对女儿四凤发的一顿牢骚。其中提到的"寡妇脸子",意思是"脸上带着苦相,一点不高兴的样子"。读者要理解这个词的含义,需要与原作者有一定的认知关联,需要理解这个词不是指"鲁妈看起来像寡妇一样可怜",结合上下文理解为"显示出愁苦不堪的表情,一脸苦相"。对译者而言,在充分理解原文语义含义的基础上,在译文的选择上不能采用直译,必须做出一定的解释。译文选择 put on airs(摆架子)和 come the great lady over me(像贵妇人那样给我脸色看)的并列结构来解释"寡妇脸子"的深层含义,帮助听话人理解原作意图,达到"最佳关联"。

[例 45]

陈大虎:笑啥?

祈小梦:笑城里那丫头,穿得小衣裳儿,光胳膊露腿,也不错,又省布又凉快。

陈大虎:这就叫进步,赶明儿你也来它一件穿穿。

祈小梦:在村里? 妈呦,我怕吓死两口子。

[译文]

Chen Dahu: What are you laughing at?

Qi Xiaomeng: Those girls in the city, with their scanty clothes, ba-

    ring their arms and legs. Nice, though. Saves a lot of fabric and feels so cool.
  Chen Dahu: It's progress. Why don't you get something like that too!
  Qi Xiaomeng: In our village? My, people would be scandalized.
       ——《狗儿爷涅槃》(*Uncle Doggie's Nirvana*)

  一对农民小夫妻从市区回来后交谈了这么几句。这一幕发生在中国改革开放初期。一些国外的风俗开始传到国内，比如对话中谈及的穿衣风格。这里陈大虎说的"进步""你也来一件穿穿"都表明他能够接受新思想。而陈小梦提到"吓死两口子"，这句口语表达的隐含意思是"村里人保守，接受不了露胳膊露腿的穿衣风格，会感到震惊和厌恶"。了解剧本描述的时代背景，与原作者保持相同的认知关联，就可以完全理解原作意图。在译本的处理上，译者选用 scandalize 这个词，完全翻译出了原作作者想要表达的"吓死人"的含义，实现了"最大关联"和"最佳关联"。

（四）描述性相似/阐释性相似与翻译

  话语具有描述和阐释功能，描述是一种直接过程，假如某话语是想说明它所描述的情况在现实生活中的真实状态，就属于语言的描述性使用；阐释是间接性的，倘若某话语的意图是要陈述某人说过什么或想过什么，就属于语言的阐释性使用。例如，语言修辞中的比喻是描述性的，而反语、感叹等则是阐释性的。描述性相似是指，当说话人用话语来表达某物或某事时，其内容与现实中的情况相似，描述的情况与真实情况越接近，描述性功能就越强。阐释性相似是指，当一段话语用于传达另一段话语所包含的信息及意图时，这段用于解释的话语就具备了阐释的相似性。原话语与转述话语语句之间的这种阐释性相似在于明说和暗含的共享。两段话语的阐释性相似程度越高，其共有的明说和暗含意义就越多。

  从关联理论的角度来看，译文就是阐释语言的具体表现。因为翻译就是把他人用一种语言所说或所写的内容用另一种语言重新加以表述，两者之间具有一定的相似性。翻译不可避免地要受到忠实原则的制约，译者在译文的取舍上必须尽可能在各方面使之与原作相似。例如：

[例 46]

宋恩子：对，那点**意思**送到，你省事，我们也省事！

王利发：那点**意思**得多少呢？

吴祥子：多年的交情，你看着办！你聪明，还能把那点**意思**闹成**不好意思**吗？

[译文]

Song Enz: Right. You'll hand in a token of friendship. That'll save no end of trouble for both sides.

Wang Lifa: How much is this token of friendship worth?

Wu Xiangz: As old friends, we'll leave that to you. You're a bright fellow. I'm sure you wouldn't want this token of friendship to seem unfriendly, would you?

——《茶馆》(*Teahouse*)

一对特务到王利发的茶馆里搜查还索要"保护费"，明目张胆地搜刮百姓来获取不义之财，贪婪无耻的形象跃然纸上。这段对话中的核心词汇"意思"，在《现代汉语词典》中有 6 种释义：①语言文字的意义；②意见/愿望；③礼品所代表的心意；④表示一点心意；⑤趋势/苗头；⑥情趣/趣味。显然，在上下文语境中，释义④更符合这个场景的描述性相似。由于译文就是阐释语言的具体表现，因此译文的处理充分考虑了这种阐释性相似，译为 token of friendship（交情的标志和象征），译文读者在上下文语境中能够理解 token 的所指就是"保护费"，另外，"不好意思"这个表达的翻译也充分考虑了原语词形上的异同，使用 unfriendly 体现出同源词的形式，以求与原文保持形式和意义上的一致。

翻译就是借助分析语境，找出原文与语境间的最佳关联来理解原文的语境效果。译者与原作者之间的"交际"是一种"互明"关系，翻译成功与否取决于说话人/作者与译者、译者与听话人/读者之间的两组明示，通过推理找到最佳关联，并以此实现语用等效的翻译目的。

八、顺应论在剧本英译中的运用

顺应论为语言现象的语用描述和语用解读提供了四个互相联系的维度:语境关系的顺应、语言结构的顺应、顺应的动态性和顺应过程的意识程度。而译者在整个翻译活动中从"译什么"到"如何译"要不断地做出一系列选择。译者动态地顺应语言结构、语境关系等,是实现译文与原文在风格和结构等方面对等的基本前提。作为整个活动的协调者,译者所做出的语言选择在很大程度上表现出其主观能动性,具体表现为对话语主题、话语信息结构以及语境等方面的顺应。译者应当动态地顺应原文及语境、目的语及其语境。

(一)译者对语言结构选择的顺应

翻译过程中,译者有意或无意地对语言的选择及其对语言的顺应是其主体性意识的具体体现,并受诸多客观语境因素的制约。语境随着交际过程的发展而不断变化,译者也只能依据这种变化适时调整其对语言选择及其对语言顺应的方式。作为整个活动的协调者,译者在翻译过程中总是面临种种选择,对语言结构的顺应主要包括四个方面:对语言、语码、语体的选择,对话语构建成分的选择,对不同类型的话语和语段的选择,以及对话语构建原则的选择。

[例 47]

乞丐:毛竹打,更不错,
　　老板身穿华丝葛。
　　人才好,穿的阔,
　　未曾说话抿嘴乐,
　　哪天都有回头客!

[译文]

Beggar: I come with my bells all a-tinkling away,
　　My lady is dressed all in silk today,
　　Lovely to see and in rich array,

Without a word she smiles so gay,

They'll come back to see you day after day!

——《日出》(*Sunrise*)

这是来旅店乞讨的乞丐打竹板说的一段"数来宝",是一种民间艺术形式。这一段赞美"交际花"样貌娇美,祝贺她们"生意兴隆"的贺词,做到了句尾押韵、形式对仗。译文的处理从语言结构顺应的角度,使用 away/today/array/gay/day 这五个语音押韵的收尾词,让译文听起来得体到位,体现出原文的语言风格,做到了翻译顺应。

[例 48]

王福升:(四面望望)方先生不在这儿?

陈白露:他还没有回来。**有事么?**

王福升:没有什么要紧的事。

[译文]

FUSHENG:(looking all round)Isn't Mr. Fang around?

BAILU:He isn't back yet. Why, you want to see him?

FUSHENG:Nothing important.

——《日出》(*Sunrise*)

在话语层面,要把意义的连贯性和关联性作为话语建构的规则,有时语法规则不足以解释话语之间的逻辑关系,译者就要做出超出语法层面的顺应,注意话语的连贯和关联的顺应,使译文信息明确。在这一段对话中,旅店伙计王福升来打探方达生有没有在陈白露的房间,使用了否定疑问句,想暗示"本以为方先生应该在此"。译文在语言结构上也做了顺应,英文表达使用了同样的句式。陈白露的回答"有事吗?"其实指的是"你找方先生有什么要紧事吗?"而不是单纯地问伙计有什么事情,所以不能直译为 what's up,否则就影响了话语间的关联性。译文处理时,明确将其译作"you want to see him",取得了与原文一致的效果。

(二)译者对语境选择的顺应

语境对话语的选择有极大的影响。翻译过程中,译者除了对语言语境的顺应之外,还要顺应不同文化的社会政治制度、时代背景、地理环境、经济水平、民族文化、宗教信仰和思维方式等因素。译文是译者在翻译过程中不断选择的产物,对原文意义的解析和传达,就是译者与语境交互作用的结果。语境因素可以改变话语的选择和话语的意义。所以,译者必须动态地顺应语境,如交际双方的个性、情绪、意图等认知和情感方面的因素,时间和空间的指称关系等物理因素,交际双方的手势、外貌、生理特征等因素,社会场景和公共制度等因素。

[例 49]

报　　童:掌柜的,长辛店大战的新闻,来一张瞧瞧?
王利发:有不打仗的新闻没有?
报　　童:也许有,您自己找!
王利发:走! 不瞧!

[译文]

Paper Boy: Hey, manager! Latest news about the fighting at Changxindian. Won't you buy a copy?
Wang Lifa: Any news about people not fighting?
Paper Boy: Maybe. Look for yourself!
Wang Lifa: Go away! I'm not interested!

——《茶馆》(*Teahouse*)

这是报童到茶馆掌柜这里卖报纸的一段对话。报童跟掌柜吆喝有关于打仗的新闻,恳请掌柜买一份去,用了反问的语气,表达"有这么大的新闻,您不来一份看看嘛?"译文的处理直接使用了否定疑问句表示反问,顺应了原作的说话人心理。接下来王利发反问是否有不打仗的新闻,这已经表明了他对头条消息都不感兴趣,就更不可能买报纸了。报童说"或许有",还是希望能卖出去一份,结果掌柜气急败坏地赶走了报童,说"不瞧",这句与报童开头的一句"来一张瞧瞧"相呼应。从说话人心理和听话人心理双方来理解,王利发是想表达自己对报纸不感兴趣,报童是希望有人买走报纸,将这些心理和情感因素综合在一起考量,译文分别选择了

I'm not interested 和 buy a copy 来顺应原文的含义表达,使译文和原文取得了一样的效果。

[例 50]

周氏:不要老这么愁眉苦脸的。什么了不得的事,值得人在接亲的日子,要挂在心上呢?

觉新:没有,我没有什么事啊!

周氏:看淡点,不要老觉得**天要塌下来**的样子。万事总有一条归路,要娶妻生子,就是一条人生的大路啊!

[译文]

Zhou: Don't pull such a long face, After all, it's your wedding day; nothing is big enough to spoil that for you.

Juexin: There is nothing, nothing the matter with me.

Zhou: Take things easy. **It's not the end of the world.** Everything in life has a destination, and marriage and progeny is one of them.

这是觉新大婚当晚接亲之前与继母周氏的一段对话。觉新本意钟情他人,对这段婚姻不满意,所以面色不悦。于是周氏劝慰他"不要愁眉苦脸""不要觉得天要塌下来",这些具有汉语特色的表达在原作中充分衬托出觉新内心的愁苦。译文在处理上顺应了原文这一特殊的场景,使用 pull a long face(拉长了脸)和 it's not the end of the world(并非世界末日)来表达相同的含义,如果字面直译为 The sky is falling 就很难使外国读者体会其中的含义,这里符合了交际规范的顺应。

由此可见,语言意义不仅具有稳定性和规约性,而且具有变异性。因此,话语类型与具体交际活动结合可以产生无限多种话语意义。译者需在语境因素和语言结构因素的共同作用下,在对目的语的使用与选择过程中表现出一定的灵活性,并在动态的顺应过程中译出原文话语的意图。在翻译过程中,译者总是处于一个不断地选择目的语的过程,译者动态地顺应原语的语境和语言结构,继而又顺应目的语的语境和语言结构,始终制约着翻译的成功与否。所以,译者需动态地顺应交际者的认知心理状态、个性特征以及制约语言选择其他方面的因素,以实现成功交际的目的,圆满完成翻译过程。

第三节　戏剧语言研究的语用学视角

如前所述,语用学与翻译有着天然的契合点,从语用学的视角来研究翻译或指导翻译实践,"往往能带来意想不到的奇效","没有翻译或其他学科的语用学是空洞的,没有语用学的翻译是盲目的"(侯国金,2020)。戏剧语言,尤其是现当代戏剧语言,更接近人们日常使用的语言,以语用学视角来分析现当代戏剧剧本的翻译研究和翻译实践具有相当的指导意义。

戏剧语言是指在舞台上表演及演员表达情感时所使用的语言,是舞台表演的重要组成部分。本研究所指的戏剧语言,是指剧本中所设计的对白、独白、旁白和舞台提示等文字内容。戏剧语言的定义并不明确,可以笼统地被认为是最终要搬上舞台,通过演员说出来的话语集合。一方面,话剧语言是在戏剧性要求下经过改造的日常语言;另一方面,戏剧艺术的创新性决定了语言规则有可能被持续打破,最终可能反过来影响日常语言。所以,戏剧语言与日常语言的规则有些许重叠,或者体现为日常语言规则的变化与更新。

戏剧语言的特点呈多样性,主要包括以下几点:①口语化。戏剧语言口语化可以使读者和观众更易理解和接受作品内涵。出于人物塑造和情感表达的需要,习语、俚语、传统口头语会大量出现,呈现口语化强的特点。②形象化。戏剧语言形象化能使观众更直观地感受到人物的性格特点、内心情感和个人态度。形象的比喻和描述性语言的使用,更为形象地呈现出戏剧人物的特点和情感起伏。③情感化。戏剧语言情感化可以传递给读者及观众戏剧人物的内心感受。戏剧搬上舞台,演员们可以借助动作表演和情感化的台词来表达剧中人物的丰富情感,从而给观众更为直观的内心感受。④动作化。戏剧是行动的艺术,戏剧语言也具有行动性。剧作家总是从塑造人物形象出发而设计其语言,语言的行动性体现外部影响对人的作用,强调人性的力量。因此,言语行为冲突是戏剧冲突在语言层面的具体化。⑤音乐化。戏剧语言音乐化特点是指在舞台表演过程中,演员需要通过语音的抑扬顿挫、节奏和音调变化等来表达情感,使语言更加有节奏感和美感,从而加深观众对剧情的理解。由以上特点可以看出,戏剧语言更贴近日常语言,更关注语言的使用,与语用学研究联系更为紧密。

由于本研究主要关注现当代戏剧剧本的中译英模块,这里主要关注国内戏剧中译外研究成果中关于戏剧语言研究的内容。至20世纪90年代,语用学开始进入研究者视野,话语语言有了新的分析工具。语言学研究者开始利用言语行为理论、会话含义理论等对一些戏剧片段进行分析。杨雪艳(1991)是较早介绍语用学理论分析方法的学者之一,这篇文章以喜剧片段为例,用语用学中的几个理论进行分析,说明了语用学对话语分析的借鉴价值。另外,同时将语言学和语用学方法用于戏剧语言研究的成果以学位论文居多:北京语言大学王芳(2006)从语法和语义功能的角度对近现代经典中国戏剧作品中的提示语进行了研究;湖南大学赵冬颖(2008)以语用分析的方法解读老舍戏剧作品中的话语比对;上海外国语大学侯涛(2009)以语用综观论为基础,分析戏剧语言的顺应;湖南农业大学李静(2011)从语用模糊的视角,分析《茶馆》中的对话语料,旨在说明模糊语言的语用功能;湖南师范大学何文娟(2012)以言语行为理论对《茶馆》中的反讽语言进行了研究;兰州大学胡静(2012)从语境角度来研究戏剧翻译中语用等值;中南民族大学李津(2015)对曹禺戏剧中的舞台指示语进行研究分析;黑龙江大学岳启业(2016)从合作原则视角,借助会话含义理论对《雷雨》剧本语言中的会话含义进行分析研究;云南师范大学龙娟娟(2018)研究曹禺话剧作品中的话语标记;江苏师范大学刘牧雪(2020)以言语行为理论、关联—顺应理论视角来研究新时期话剧中的冲突话语;中国艺术研究院王津京(2021)借鉴了叙事学、符号学和话语分析等理论来分析多部中国现当代经典戏剧作品中的语言话语模式；等等。此外，近三十年来学界关注语用学与戏剧（话剧）语言的研究层出不穷，中国知网搜索到相关期刊文献总计72篇，语用学相关理论对戏剧语言研究的指导作用和借鉴价值可见一斑。

　　伴随着语用翻译研究领域的不断拓展、研究内容的不断深化，以语用学视角来进行翻译研究的优势日益明显。语用学和翻译研究关注的都是语言的使用，只要人们继续使用语言，二者就将长久存在。在未来，随着信息技术与人工智能的发展，翻译研究会面临更多更复杂的问题和挑战，语用学在为新的翻译问题提供分析依据和方法指导的同时，自身也将得到发展。在加强国际传播能力建设、提升国家软实力和文化影响力的时代背景下，戏剧外译和戏剧翻译研究将迎来长足的发展，在这个过程中，语用学的指导作用日益凸显，两者必将相互借力，共谋发展。

第五章 中国戏剧外译与文化传播

党的十八大以来,我国加强了国际传播能力建设,中国国际话语权和影响力显著提升。在开启全面建设社会主义现代化国家、向着第二个百年奋斗目标进军的新征程中,讲好中国故事,传播好中国声音,展示真实、立体、全面的中国,塑造可信、可爱、可敬的中国形象,关键在于采取有效路径,多维着力,全面提升中国话语国际传播效能。中国政府提出中国文化"走出去"战略,以加强世界对中国的了解以及中国文化在全球范围的地位。文化艺术的对外传播与综合国力密切相关。新中国成立以来,尤其是改革开放以来,中国文学的外译随着综合国力的提升而呈现加速发展之势,汉语言的特殊性以及中华文明的独特发展模式注定了中国文学在译介传播中需要走出一条中国特色之路。

新世纪以来,中国文学走向世界的步伐逐步加快。国家颁布了一系列方针政策,强调"要扩大中国同其他国家间的文化交流,积极开拓国外主流文化市场,大力推动中国文化走出去"。作为对国家政策的响应,"中国图书对外推广计划"(2004)、"中外图书互译计划"(2008)、"经典中国国际出版工程"(2009)、"中华学术外译项目"(2010)、"中国当代作品翻译工程"(2013)、"丝路书香出版工程"(2014)、"上海翻译出版促进计划"(2015)、"外国人写作中国计划"(2016)等学术性项目、工程、计划陆续出台,以资助和鼓励优秀的中国文学作品及哲学、政治学、经济学等其他书目的对外传播,为全面推广中华文化做出了积极贡献。国际知名出版机构参与中国文学外译传播和中外出版机构合作模式,成为中国文学对外传播的新特点。信息时代的发展推动中国文学外译传播的载体愈发多样化。除了报纸杂志、图书出版这些传统媒介外,影视、网络等新兴媒介也成为助力中国文学海外传播的有效途径。网络文学的迅速发展与传播进一步扩展了中国文学的国际影响力。新时期的中国文学外译呈现出翻译版本多语种化、传播范围扩大化、传播媒介多样化等趋势,影响力不断提升。近百年来,中国现当代戏剧的英译与传播取得了可喜成绩,一大批戏剧家和戏剧作品出现在世界舞台。

第一节 中国戏剧外译传播的意义

文化活力是一个国家综合国力的重要组成部分,戏剧外译是不同民族之间文化互通互融的重要途径。中华戏剧文化博大精深,是我们引以为豪的瑰宝,因此中国戏剧的对外传播具有十分重要的意义。

首先,戏剧外译是对外宣传中华民族优秀的传统文化,加强国际文化交流的需要。中国戏剧长期以来深受国内民众的喜爱,随着中国古典戏曲被列入世界非物质文化遗产名录,中国戏剧开始走上国际舞台,日益受世人瞩目。所以,加强中国戏剧的外译传播是一项势在必行的时代使命。中国戏剧的外译传播不但关系到中国文化的发展壮大,也与当前世界文化互相融通、与人类命运共同体建设密不可分。人类文明的进步依靠的是世界文明的多样性和人类文化的全面繁荣。中华民族有着悠久灿烂的历史文化,其中优秀的戏剧文化是人类文明社会的一笔不可多得的宝贵财富。把中国精湛的戏剧文化介绍给世界,是加强中外文化交流的需要,也是外语工作者义不容辞的责任所在。翻译是促进人类文明交流的重要工作。通过准确传神的翻译介绍,让世界更好地认识新时代的中国,对推进中外文明交流互鉴具有重大意义。

其次,戏剧外译是国家战略的需要。相对于国外戏剧在中国传播的广度和深度来说,中国戏剧在国外戏剧界的知晓度还远远不足。长期以来,国内翻译界热衷于翻译国外优秀的戏剧作品,大量的外国戏剧被引入中国并搬上舞台,形成鲜明对比的是,中国优秀戏剧的外译状况却相形见绌,中外戏剧文化交流失衡严重。中国戏剧作品多达上万种,形式丰富多样,这些都是国外戏剧无法比拟的。尽管中国戏剧走出了国门,梅兰芳在 20 世纪 30 年代就曾率团四次出访国外进行演出,改革开放后中国戏剧也加大了"走出去"的步伐,但是由于戏剧翻译队伍建设的不到位和戏剧翻译难度的限制,外加戏剧语言形式的特殊性,因此,中国戏剧外译传播的深度和广度都严重不足。中国戏剧外译传播是中国走向世界、增强国际传播能力建设的战略需要,我们必须加强中国戏剧外译的研究和实践工作,尽快改善中外戏剧文化交流不平衡的状况,向世界传播中华优秀戏剧文化。

另外,戏剧外译是增强文化自信和国际话语权的需要。文化自信是国家文化软实力激烈竞争的必然要求。随着知识经济、人工智能、生命科学、互联网、新能源等的发展,人们认为文化成为当代国际竞争中的新焦点。19 世纪靠军事改变世界,20 世纪靠经济改变世界,21 世纪则要靠文化改变世界。从这一意义上说,谁占领了文化发展制高点,谁拥有了强大的文化软实力,谁就能在激烈的国际竞争中赢得主动。就一个国家或民族而言,文化软实力的强弱同样关乎国家的强弱和民族的兴衰。中国戏剧外译可以为传播我国民族文化、增强文化国际话语权、提升国家文化软实力构建良好的平台,同时是让世界认识和认同中华民族文化的一个有效途径。因此,我们要致力于向世界传播我国优秀的传统戏剧文化,积极参与世界文化的发展进程。中国传统戏剧文化中有许多超越其他民族的优质成分,向世界传播与弘扬我国优秀的戏剧文化,有利于增强中国文化国际话语权,更有利于世界文化和经济的持续发展,促进和平国际社会的构建。

第二节　中国戏剧外译的可接受状况

20 世纪 20 年代,中国现当代戏剧初涉西方世界,译介主要以戏剧选集的形式出现,如《哥伦比亚现代中国文学选集》等。选集收录少量重译本和节译本,收录标准主要考虑是否符合译入语语言规范、能否吸引译入语读者(观众)、搬上舞台的可行性等。由于选集的出版受制于编者理念、篇幅等因素,因此收录的作品参差不齐。30年代,中国现当代戏剧逐渐走向成熟,剧坛出现一批艺术价值高的优秀作品,其英译工作主要由中国译者承担,一些文学期刊如《天下》等,刊发优秀的戏剧剧目,通过与国外学者的合作外译作品,促进了中国现代戏剧在英、美等国的传播。新中国成立以后,为了让外部世界了解和接受新中国,外宣工作成为重点。50年代的现代戏剧海外传播体现出强烈的意识形态色彩,主要传播代表新中国精神面貌的当代文学左翼作家作品,题材有所限定,如曹禺的《雷雨》《日出》,鲁迅的《过客》等,其间《雷雨》的译本为王佐良和巴恩斯合作完成,既保留了原作的语言特色和艺术韵味,又迎合了英美读者的接受能力,最终被成功搬上海外舞台,在新加坡、莫斯科、纽约、伦敦等地公演,成为永恒的经典。80年代中国改革开放,文化交流日益频繁,大量优秀的西方戏剧作品涌入中国,海外汉学家对中国戏剧的关注度也逐渐高涨,如耿德华编选《二十世纪中国戏剧》,收录了大量中国现当代戏剧作品,促进了其海外传播。北京人民艺术剧院的《茶馆》在欧洲、美国、新加坡巡演大获成功,戏剧家英若诚在美国讲学期间,改编并导演了曹禺的《家》,在堪萨斯城上演。90年代美国哥伦比亚大学出版社发行的《现代中国文学选集》,并未收录戏剧作品,这多少造成了"中国戏剧无足轻重"的印象,是一大缺憾。直到进入新世纪,华裔学者对当代戏剧译介做出了突出贡献,加州大学戴维斯分校陈小眉编选的《哥伦比亚中国现代戏剧选集》出版,这本选集也成为中国现代戏剧在英语世界最有分量的作品之一,影响力巨大。随着中国综合国力不断增强,文化交流与传播日渐发展,戏剧也已经成为西方了解当代中国的一个窗口。中外现当代戏剧的互动与融合发展趋势日益明显。

另外,从中国现当代戏剧英译的历史发展来看,无论是戏剧作为文学的译介还是戏剧舞台演出,在量上不足,远远落后于小说和诗歌等其他文学体裁,影响范围有限,大部分作品的英译本是自己译出,由海外出版社直接"拿来"出版,效果也并不尽如人意。按照国际翻译协会和联合国教科文组织提倡的翻译方向,在中国文学作品英译方面,英语为母语的译者应是最佳选择。如果总是源语国家主动译出,多少说明了译入语文化对原作并不十分感兴趣。所以,这也从一个侧面表明:中国现当代戏剧的发展历史不长,与西方戏剧相比,成熟和有影响力的作品不多,尚未吸引英语世界读者和观众的目光。并且,中国现当代戏剧的研究主要集中在戏剧发展史领域,鲜有海外接受与海外传播方面的研究。综合来看,中国现当代戏剧外译的接受状况不尽如人意的主要原因包含以下几个方面:

首先是译文的质量有待提升。译文质量直接影响作品的传播,这一点毋庸置疑,很多学者认为中国文学走向世界的障碍之一就是翻译质量。如前所述,戏剧翻译和小说等其他文学体裁的翻译有所差别。其翻译策略是否得当、译文是否适合舞台演出等因素都需要仔细斟酌,要顾及译入语读者和观众的可接受度。像人物名、称呼语、文化专属词等的翻译都需要特别关注。戏剧的无注性特点决定了它不可能像其他文学体裁一样进行注释讲解,而是需做出适当变通,采取泛化的译法,将具体事件进行概括化、模糊化和概念化处理。这些细节都对译者提出了更高的要求。

其次是外译人才短缺,发展受限。黄友义曾经在不同场合指出,"版权贸易上的逆差由诸多因素造成,但归根结底还是翻译问题",并且强调,"中国图书在国际市场上表现不佳,除了受到中西文化差异的限制,深层次的原因是人才问题,特别是高水平中译外人才的匮乏"。[①] 瑞典汉学家马跃然认为中国有非常好的作家,甚至也不乏超过世界水平的作家,但是翻译成外文的不多,导致中国文学在国外缺少读者,这使得表面上中国文学的世界地位与其真正的实力并不匹配。马跃然引用瑞典学院以前的常务秘书的话:"世界文学是什么呢? 世界文学是翻译。"[②]另外,与欧洲戏剧相比,中国戏剧的发展历史较短。如耿德华所说,20 世纪初的中国话剧都是 20 岁左右的年轻人创作的,他们没有接受过正规的戏剧专业训

---

① 李蓓,卢荣荣. 中国文化走出去,继续迈过翻译坎[N]. 人民日报海外版,2009-8-14,004 版.

② 岳巍. 马跃然:中国文学需要更好的翻译[N]. 华夏日报,2012-10-29,037 版.

练,手头几乎没有戏剧资源。长久以来在西方读者心目中真正的戏剧是欧洲戏剧,所以中国现当代戏剧(话剧)诞生时就已输在起跑线上。中国话剧的发展,"研究领域正在沙漠化"(许昳婷,2003),刚刚成熟起来就面临新兴的电视和电影业冲击,到剧院去看戏的观众锐减,这一现象席卷全球。彼得·布鲁克也提到,"即使在蕴藏着世界上最好的观众的纽约,去剧院的人数也锐减"。

最后是戏剧作品的普世性和文化承载力不足。鲁迅曾说:"只有民族的,才是世界的。"中国戏剧要想走向世界,必须首先成为世界的,才能真正成为世界文学。如英国皇家莎士比亚剧团制作的音乐剧《玛蒂尔达》,改编自当代儿童文学名著,其独特的叙事视角和立场,非常适合以戏剧方式来呈现。正是捕捉到了这部名著的文学价值,剧团以顶级的制作阵容,将小说改编为剧本,以国际眼光和视野,立足国际范围的普世核心价值观,将其搬上国际舞台,2019 年在中国 13 个城市巡演,总共上演 100 场,彻底征服了中国观众。从这个案例可以看出,具有普世性的戏剧作品才能为世界公认。莎士比亚属于所有时代,也属于全世界。中国古典戏剧《灰阑记》《王宝钏》等作品之所以受海外观众欢迎,是因为立足呈现血缘与亲情、忠贞与爱情等这些人类所共有的情感体验,自然可以收获世界的关注。中国现当代戏剧尤其是当代戏剧,缺乏这方面的文化承载力,需要不断深耕,以期成功进入目标语的文学系统。当然,大多数作品还需要译者、海外出版方、剧院等各方的合作,才能促进戏剧作品的海外传播,真正成为世界文学的一分子。

第三节　中国戏剧外译传播的挑战与发展

中国戏剧拥有独有的东方魅力,其节奏、旋律、音调,以及化妆、服饰、舞台等中国特色的艺术元素,能为世界观众呈现有别于其他民族表演形式的审美体验和文化内涵,能够唤起海外华人的民族文化情感,引起他们的文化共鸣,更能引发国外学者和民众对中国文化的兴趣和关注,促进中国戏剧的对外传播。当前世界已进入一个日益全球化的时代。经济全球化的发展不仅改变着世界政治与经济格局,对文化传播与发展也产生了广泛深远的影响。随着中国经济实力的不断增强,中国戏剧的外译传播有了更加坚实的经济基础和物质保障,将以更高水准呈现给世界读者和观众,闪耀世界戏剧舞台。自改革开放以来,中国以惊人的速度崛起为世界第二大经济体,对国际社会产生了深远的影响。中国不仅在经济领域取得了显著的成就,而且在政治、文化和科技等领域也表现出越来越强大的影响力。中外文化交流互通日益频繁,中国的特色民族文化越来越得到国际社会的赞赏与认可,世界各国人民要了解中华优秀传统文化的愿望也越来越迫切。

在这样的时代背景下,各民族文化之间的融合与发展呈现出前所未有的新局面,翻译已经成为沟通不同文明与不同文化之间交流的必不可少的纽带。我们在不断学习和吸收各国优秀文化的同时,也应该大力宣传和弘扬中华民族的传统文化,向世界译介和传播中国的优秀文化。正如聂震宁先生所言,"任何一种优秀的文化都有一种与别人交流、交融的内在冲动,这种内在冲动就是各美其美、美美与共的文化自觉,我们已经引进国际上那么多优秀产品,我们也需要向国际介绍我们的优秀产品"。中国戏剧外译传播迎来了前所未有的发展机遇。开展多种形式的中国戏剧对外译介活动,就是为世界人民了解中国悠久灿烂的历史文化搭建沟通的桥梁,不仅要把中国戏剧文学作品外译出去,更要增强外译文本的影响力,得到传播受众人群的认同。近年来,伴随着"一带一路"倡议的推进,我国戏剧作品现身国际知名戏剧艺术节,并"有意识地利用科技手段创新讲述中国文化与民族艺术,得到国际戏剧界的认可"[①]。然而,我们也应当清醒地认识到,中国戏剧外译传播还比较薄弱,面临着诸多挑战。

一是国际传播力度不足,影响范围受限。中国戏剧走向世界的起步并不算晚,最早可追溯到1735年法国传教士马若瑟在巴黎翻译出版的元

---

① 梅生.以文化为内核,科技做外衣——中国戏剧稳步走向世界[N].人民日报,2019-4-19.

杂剧《赵氏孤儿》,距今已有 288 年。与此形成鲜明对比的是,西方戏剧话剧传入中国,仅用了短短几十年时间就发展成为中国的一个主要戏剧种类。中国戏剧走向世界的历程艰辛而缓慢。中国在和平崛起,在世界上的地位和影响日益突出,中外政治、经济、文化等领域的交流日渐频繁,文化的全球化和本地化此消彼长,西方文化与中华文化既合作又抗衡,在当前国际戏剧艺术发展低迷的背景下,中国戏剧的外译传播更为艰难。从第三章中国戏剧翻译发展的相关论述中可以看出,中外的戏剧文化交流严重失衡,国外戏剧作品大量被翻译引进,而中国戏剧剧目被译为外文的量却相对很少。20 世纪 90 年代以来中国内地话剧除了少量得以录入国外出版的戏剧集,仅少量被翻译出版〔如杨阡的《希望》(1997)、喻荣军的《吁天》(2007)等〕之外,绝大多数新世纪作品在海外默默无闻。新世纪剧作的大量产出与外译的严重稀缺形成强烈对比,中国现当代戏剧的对外译介和传播的影响力严重不足。

　　二是戏剧翻译人才匮乏。国内专业从事戏剧翻译研究和实践人才严重不足,中国戏剧对外翻译的人才则更为稀缺。黄友义(2008)指出:"在实施很多对外传播项目的过程中,我们所面临的一个最大障碍就是缺少高水平的中译外人才。"一方面,外译队伍面临人员结构老化和队伍断层的问题,中年人才短缺、翻译实践工作艰辛、翻译成果不被认可、稿酬偏低等因素都挫伤了中青年翻译工作者的积极性。另一方面,英译中国文学作品尤其是戏剧作品的价值往往被忽视(马会娟,2013)。合格的汉译外人才缺乏,是制约中国现当代文学成功外译的"瓶颈"所在。孔慧怡(Eva Hung)认为,"中国文学英译的质量不仅决定着英语读者对某一中国作家的看法,而且影响着他们对所有当代中国文学翻译作品的看法。因为普通读者对中国现当代文学几乎一无所知,如果翻译作品译得糟糕,读者会误以为原作不好,而根本没有想到这是翻译的问题"(Hung,1991)。虽然中国每年培养的翻译人员在数量上不少,但大多选择从事了非翻译类的工作,真正把中国戏剧外译作为自己研究专长和毕生事业的人数很少,最终导致高素质、高水平的戏剧翻译人才稀缺。这是中国戏剧外译工作所面临的最大难题。

三是中国译界存在理论与实践脱节的现象,知行尚未合一。翻译理论与翻译实践不应成为各自孤立的部分。任何一门学科的长足发展,都离不开理论与实践两个方面的支撑,不可偏颇。一味投入实践,对新发展的翻译理论不屑一顾,往往会落后于国际学术主流论断,影响对翻译实践的把控能力;埋头钻研翻译理论,不从事翻译实践,则无法真正理解理论的精髓,无法学以致用。对戏剧翻译者而言,应具备的理论水平和翻译素质比其他文本的译者要求更高。因为戏剧翻译不仅涉及两种语言的语际转换,而且需考虑译文语言的舞台性、视听性、口语性、动作性等特点,还需顾及译入语读者和观众的接受性。

四是戏剧外译的译介意识单一,影响传播效果。中国戏剧要想走向世界,提升传播效果,就必须综合考虑译者、读者、出版市场等因素。新世纪中国政府推出的"中华学术外译项目"等举措为中国戏剧文化走向世界提供了良好的机遇。该项目至今已有14年历史,成绩斐然,但是学术著作的写作、翻译、传播是一个十分复杂的系统工程,"内容质量仍需提高,学术规范和学术方式亟需重视"(王壮等,2022)等问题依然值得关注。另外,民族化情绪不能代替对外传播的宏观意识,用"译入"理论指导"译出"实践则会陷入戏剧对外译介的误区。所以必须认清戏剧对外译介的规律,知晓译入语读者对中国戏剧的欣赏能力和审美情趣,在此基础上关注译入语国家的社会因素、文化意识形态等因素,进行理性化思考,才能真正促成有效的对外传播。中国戏剧的对外译介和传播需要从戏剧选本、翻译策略、译者素养、译文读者和译本出版等诸多方面来加以探讨和研究,才能找出最为有效的传播途径和方式。

五是戏剧外译传播的障碍有待克服。影响中国戏剧作品译介效果的因素有很多,如译入语国家的社会现状、文化意识形态、戏剧文学流派、某一时期流行的戏剧理念等,都制约着传播的有效性。戏剧翻译实践的中外合作研究严重缺乏深入的交流与探讨。在缺乏有效合作的前提下,单凭国内译者与出版商的合作,很难达到理想的国际传播效果。魏莉莎

(Elizabeth Wichmann-Walczak)认为,"中国戏剧已经实实在在地走上了国际戏剧舞台,今天的问题是如何正确地把中国戏剧的传统介绍到外国的知识分子中间"(Wichmann,2005)。戏剧的"翻译难、表演难和接受难"皆是摆在传播面前的障碍。比如,中国戏剧中还存在大量蕴含文化意义的成语典故、专门术语,即便是让中国普通的读者理解起来有时也会颇感困难,更不用说翻译给外国读者了。戏剧翻译的最终目标是搬上异国舞台,而外国演员精通汉语的人不多,无法深刻理解中国戏剧内涵,即使上台表演也难以做到形神兼备、信手拈来,效果有限。最主要的障碍在于接受度,这受限于文化差异。中国人和外国人对中国戏剧的观赏理解大相径庭。中国人是在对剧本内容有所了解的基础上去"看戏",赏"表演"。而外国观众看中国戏剧,主要是出于对中国文化的好奇,关注剧情的安排是否高潮迭起、扣人心弦,外加对中国文化不熟悉,难以理解剧中的典故、俗语等,也会降低观赏效果。

鉴于以上谈及的中国戏剧外译传播的现状与问题,我们可以围绕难点,从以下几个方面入手,推动中国戏剧文化的对外译介与传播。

一是要强化顶层设计,继续营造良好的对外传播环境。中国"正处于世界百年未有之大变局与实现中华民族伟大复兴战略全局的历史交汇期"(习近平,2022),习近平总书记的讲话为我国国际传播能力建设提供了行动指南和根本遵循,中共中央办公厅发布《国家"十四五"时期哲学社会科学发展规划》(2022年4月),为中国社会科学成果"走出去"指明了方向,也提出了更高的要求。中国戏剧的翻译传播是文化的传播,不能离开社会环境而独立存在。中国戏剧的根基在中国,历史的经验告诉我们:混乱的社会环境、落后的经济实力、短缺的戏剧人才不仅会阻碍戏剧在国内的发展,更会直接影响戏剧的对外传播。如今,中国综合国力持续提升,政府对戏剧外译的扶持力度不断加强,都为中国戏剧的对外传播提供了经济和社会基础。加强政府对翻译人才培养的政策支持和经济投入是戏剧对外传播的有力保证。各级相关政府部门、高校、科研院所、出版企业等,需要实现总体联动,共同参与外译传播顶层设计的组织与策划,从理论研究和应用研究两个维度入手,围绕传播体系、传播规律、评估机制等进行系统研究,重视理论与实践相结合,合力提升戏剧外译的传播效能。

二是打造以中国译者为主体,联合海外华人学者和汉学家共同参与的多学科高素质戏剧翻译队伍。"以中国译者为主体",就是在中国戏剧外译的译事活动中树立中国译者的翻译主体地位。中国译者对汉语语言的理解通常要比外国学者更为深刻,对戏剧中的深层文化因素也更具敏锐的洞察力,因此他们的戏剧翻译作品往往会更忠实于原作,因文化误读而造成的翻译偏差也会大大减少。提倡"联合海外华人学者和汉学家",能最大限度地提高戏剧海外传播的可接受度,群策群力把中国戏剧翻译事业做实做强,发挥团队协作效应,实现优势互补,从语言上和文化上做到功能对等,实现效能最优化。近十年来实施的"大中华文库"工程、"国剧海外传播工程"都是在对外译介与传播方面做出的有益尝试,已初显成效,社会反响好,成果显著。国内开设有翻译专业,特别是开设有专业翻译研究生学位点的高校,应注重挖掘和储备高素质高水平的翻译人才,不断充实到戏剧翻译队伍中来,做好人才储备"蓄水池"。

三是积极开展中外戏剧翻译交流与合作。如前所述,我们所处的信息爆炸的时代,要求学科交叉研究,更注重各学科门类的融通发展。戏剧本身是一门综合性艺术,除了文学、音乐、舞蹈等艺术形式外,还与政治、历史、哲学、经济、民俗等内容息息相关。所以,戏剧翻译的跨学科合作势在必行。对于中国国内影响力较大的名作戏剧,要结合其内容和译介目的,聘请翻译学、译介学和传播学等相关领域的专家作为顾问,会同优秀的译者共同参与译事活动。这样的通力合作,既能提高翻译的速度和质量,又能最大限度地避免专业错误、规避风险,全方位确保戏剧外译的有效传播。此外,戏剧翻译在本质上是一种跨文化交际行为。一个称职的戏剧译者,不仅应熟练掌握两种语言,更需要深入了解语言涉及的两种文化。本土译者了解中国文化,而对于目的语文化的理解或许无法与目的语读者一致,这就要求加强跨国界的戏剧交流与合作,中国剧作家、中外译者、中外出版企业共同合作，加强深入交流，以保证译文的信度和传播效能。

四是严控翻译质量，注重翻译传播效果。前文提到，中国戏剧的国际传播，瓶颈是翻译的质量，质量又直接影响传播效果。在中国戏剧对外译介方面，中外译者和研究者在过去都付出了巨大努力，取得了傲人的成绩，但这些成果在数量上还很有限，离我们的传播目标还有较大差距，译文质量更需精益求精。因此，对国内的翻译工作者而言，戏剧的外译传播是一项任重而道远的大工程。戏剧文体本身的语言特点和舞台艺术表演特点，决定了对译者的素质和知识能力的要求极高，戏剧翻译的难度要远远高于其他文学体裁的翻译。所以，中国戏剧在外译传播过程中，在剧目选择上要坚持民族性与世界性兼顾的原则，在弘扬民族精神的同时，考虑世界民族文化的共融性和互通性，在此基础上创作和翻译的剧目才能有效外译传播。另外，译者务必研究最新的翻译理论和研究成果，采取适应目标语语境的翻译策略，重视翻译效果的对等。

五是重视对国外戏剧读者及观众需求的实证调查研究。绝大多数国家早期的翻译活动是以"译入"为主的，像戏剧传入我国，最早也是以译入莎士比亚的经典戏剧为主，在这个过程中，对异国的政治、哲学、科学、文学等知识都形成了一种强烈的诉求，渴望通过译本来学习和理解外来的新思想和新文化。在这种情况下，译者的主要任务是把外国先进的思想和理论忠实、准确地翻译过来给本国人民有所借鉴即可，至于传播、接受等因素都不作重点考虑。但是"译出"则截然相反，是要通过翻译把本土的优秀思想、文化和理念译介出去，传播到异国他乡，让异国读者接受，并对其产生影响。因此，"译出"的作品仅仅做到"质量上乘"还远远不够。戏剧译介的历史上，这样的例子并不鲜见。译者付出了很多的心血，译作最终却未能获得理想的传播效果。中国戏剧文化要走向世界并不能仅凭自己一厢情愿的通顺标准，通顺并不等于就能被外国读者欣然接受，也并不等于取得了理想的传播效果。所以，中国戏剧外译的对象是国外读者和观众，就尤其应当考虑国外读者和观众的反应，了解和研究他们的理解力和艺术审美需求。对外译介中可以邀请译入语读者进行试读反馈。根据这些读者的意见反馈，通过统计分析来预测国外读者潜在的接受程度和评价情况，再由译者改进翻译的策略与方法，针对性地进行修改完善。这样既能省时省力，提高工作效率，又能较为准确地预测戏剧传播的效果和影响，为外译本的顺利传播保驾护航。

六是借助现代传媒技术，探索拓宽传播途径。人类社会的发展已经进入了互联网＋时代，网络已经成为人们的生活方式，渗透到了社会发展和日常生活的方方面面。互联网和人工智能技术的创新发展，催生出更加多元的新兴传播模式。脸书、微博、VR 传播等新媒体平台蓬勃发展，互动性也日益强劲。中国戏剧的对外译介传播也必然要依靠这些现代化传播方式，来探索创新的发展思路，拓展有效的发展空间。现代传媒技术不仅以极快的速度扩大了戏剧的传播范围，还扩大了戏剧的受众范围，国外的中国戏剧爱好者通过网络媒体的形式接受中国戏剧文化也更为便利、多元和个性化。所以，中国戏剧对外译介如何与互联网传播、人工智能技术相融合，是中国戏剧"走向世界"所面临的全新课题，值得戏剧翻译工作者和对外宣传工作者共同关注。中国戏剧的网络传播形式和国外受众的需求，将对中国戏剧的对外推介产生积极而重大的影响。

七是要借助国际市场扩大对外宣传。中国戏剧要真正走出国门，取得译介传播的良好效果，不仅仅是翻译策略、翻译人才的问题，还需要打造有利于促进中国戏剧文化全面走向世界的出版传播平台。因此，如何拓展中国戏剧在国际的出版市场，如何联合世界著名的图书出版机构，如何与国际戏剧文学期刊、专业戏剧研究杂志合作，营造系统网格化的中国戏剧文化出版传播平台极为关键。国内出版机构要加强与国外主要出版机构的信息交流与出版合作，借助其市场运作来扩大中国戏剧的对外宣传，推介优秀的中国戏剧译著。另外，我们要做好国际市场定位，多做一些市场调查研究，译作的出版模式、设计包装、发行方式等要符合国际市场需求，还可以根据不同国家和地区的图书出版惯例和文化消费观念来采取相应的营销推广策略。

结　语

中国戏剧的外译已有近300年的历史,向海外译介中国戏剧的历史也逾百年,回顾中国戏剧外译的发展进程,其译介传播在不同时期和不同国家体现出不同的特点,受到各历史阶段的政治、经济、文化等因素的影响,展现出各民族文学之间的共性与特色,反映出各民族文化之间的碰撞与融合。

在现当代戏剧译介过程中,绝大多数是我们的源语文化机构主动译出,戏剧英译作品并不是译入语文化主动翻译的结果,这样的翻译行为特点虽然产生了诸多问题,但无法否定其产出的文化价值。中国现当代戏剧作为中国文学的一个主要类别,其译介及传播研究仍然是现当代文学译介传播中最为薄弱的一环,还有很多亟待进行深入考察研究的领域,需要引起业界相当的重视,更需要外译工作者持之以恒的不懈努力。

《中华人民共和国国民经济和社会发展第十四个五年规划和2035年远景目标纲要》明确提出,要"鼓励优秀传统文化作品走出去",不断提升国家文化软实力,坚定文化自信。戏剧是文学的重要组成部分,中国戏剧是中华文化宝库中的瑰宝。中国优秀现当代戏剧的外译传播,对传播"构建人类命运共同体"理念、破除西方媒体的恶意宣传影响,具有十分重要的作用。当然,由于中外意识形态和价值观念等诸多差异的存在,中国戏剧尚未成为一种独立的戏剧样式真正走上世界舞台。中国现当代戏剧在西方传播中的误读与误译现象依然存在,也制约着其海外接受效果。任何文学作品的外译都会面临"文化差异"的挑战,这就需要我国政府、文化企业、民间组织、翻译传播和外宣工作者共同努力,持续优化拓展中国传统戏剧的对外传播路径,切实推动中国戏剧的海外传播,繁荣我国的社会主义文化事业。中国戏剧外译传播的道路依然任重而道远。

参考文献

1. Aaltonen, S. Time-sharing on Stage. Drama Translation in Theatre and Society[M]. Clevedon: Multilingual Matters, 2000.

2. Alington, L. C. The Chinese Drama: From the Earliest Times until Today[M]. Singapore: Kelly and Walsh, 1930; reprint Benjamin Blom, 1966.

3. Anderman, G. Drama Translation[A]. Baker, M. & Malmkjar, K. (eds.) Toutledge Encyclopedia of Translation Studies[C]. London and New York: Routledge, 1998.

4. Austin, J. How to Do Things with Words[M]. London: Oxford University Press, 1962.

5. Barron, A. Variational Pragmatics[A]. In Barron, A. Gu, Y. & G. Steen. (eds.) The Routledge Handbook of Pragmatics[C]. London: Routledge, 2017.

6. Barron, A. and K. P. Schneider. Variational Pragmatics: Studying the Impact of Social Factors on Language Use in Interaction[J]. Intercultural Pragmatics, 2009, 6(4).

7. Bassnett, S. Translation Studies[M]. London: Methuen & Co. Ltd. , 1980.

8. Bassnett, S. The Translator in the Theatre[J]. Theatre X, 1981(40).

9. Bassnett, S. Ways through the Labyrinth: Strategies and Methods for Translating Theatre Texts[A]. Hermans, T. (ed.) The Manipulation of Literature[C]. London: Croom Helm, 1985.

10. Bassnett, S. Translating for the Theatre—Textual Complexities[J]. Essays in Poetics, 1990, 15(1).

11. Bassnett, S. Translating for the Theatre: The Case against Performability[J]. TTR IV, 1991(1).

12. Bassnett, S. Still Trapped in the Labyrinth: Further Reflections on Translation

and Theatre[A]. Bassnett, S. & Lefevere, A. (eds.)Constructing Cultures. Essays on Literary Translation[C]. Clevedon: Multilingual Matters Ltd. ,1998.

13. Bassnett, S. Theatre and Opera[A]. France, P. (ed.)The Oxford Guide to Literature in English Translation[C]. Oxford: Oxford University Press,2000.

14. Brook, P. The Empty Space[M]. New York: Simon & Schuster Inc. ,1996.

15. Brown, P. and Levinson, S. Politeness: Some Universals in Language Usage [M]. Cambridge: Cambridge University Press,1978/1987.

16. Buss, K. Studies in the Chinese Drama[M]. Boston: The Four Seas Company, 1922.

17. Catford, J. C. A Linguistic Theory of Translation: An Essay on Applied Linguistics[M]. London: Oxford University Press,1965.

18. Cohen, P. , Morgan, J. and Pollack, M. (eds.) Intentions in Communication [C]. The MIT Press,1990.

19. Culpeper, J. Exploring the Language of Drama: From Text to Context[C]. London: Routledge,1998.

20. Derrida, J. Of Grammatology[M]. Baltimore: John Hopkins University Press, 1967.

21. Elam K. The Semiotics of Theatre and Drama[M]. New Accents Ser. London and New York: Methuen,1980.

22. El-Shiyab, S. Verbal and Non-verbal Constituents in Theatrical Texts and Implications for Translators [A]. Poyatos, F. (ed.) Non-verbal Communication and Translation[C]. Amsterdam: John Benjamins Publishing Company,1997.

23. Esslin M. An Anatomy of Drama[M]. London: Maurice Temple Smith Ltd. , 1976.

24. Esslin M. The Field of Drama: How the Signs of Drama Create Meaning on Stage and Screen[M]. London: Methuen,1987.

25. Even Zohar, I. Polysystem Studies[J]. Poetics Today,1990(11).

26. Even Zohar, I. The Position of Translated Literature within the Polysystem [A]. Lawrence Venuti. (ed)Translation Studies Reader[C]. Rutledge: Literary London,2000.

27. Gentzler, E. Contemporary Translation Theories[M]. London: Routledge, 1993.

28. Goffman E. Interaction Ritual: Essays on Face-to-face Behavior[M]. New York: Garden City/Anchor Book, 1967.

29. Gravier, M. La Traduction des Texts Dramatiques[A]. Seleskovitch, D. (ed.) Etudes de Linguistique Appliquee: Exegese et Traduction[C]. Paris: Didier, 1973.

30. Grice, P. Logic and Conversation[A]. In Cole, P. & Morgan. (eds.) Syntax and Semantics, Vol. 3: Speech Acts[C]. New York: Academic Press, 1975.

31. Gutt, E. Translation and Relevance: Cognition and Context[M]. New York: Routledge, 2000.

32. Hamberg, L. Some Practical Considerations Concerning Dramatic Translation[J]. Babel, 1969(2).

33. Hatim, B. and I. Mason. Discourse and the Translator[M]. London: Longman, 1990.

34. Hermans, T. Translation in Systems: Descriptive and Systemic Approaches Explained[M]. Manchester: St. Jerome Publishing, 1999.

35. Hermans, T. Translation and Normativity[A]. In C. Shaffner. (ed.) Translation and Norms[C]. Beijing: Foreign Language Teaching and Research Press, 2007.

36. Hung, E. Blunder or Service: The Translation of Contemporary Chinese Fiction into English[J]. Translation Review, 1991(36).

37. Johnston, R. F. The Chinese Drama[M]. Shanghai: Kelly and Walsh, Ltd. 1921.

38. Katan, D. Translating Culture: An Introduction for Translators, Interpreters and Mediators[M]. Shanghai: Shanghai Foreign Language Education Press, 2004.

39. Landers, C. E. Literary Translation: A Practical Guide[M]. Clevedon: Multilingual Matters Ltd., 2001.

40. Leech, G. Principles of Pragmatics[M]. London: Longman, 1983.

41. Levinson, S. C. Pragmatics[M]. Cambridge: MIT Press, 1983.

42. Mey, J. Pragmatics: An Introduction[M]. Oxford: Blackwell, 2001.

43. Morris,C. M. Foundations of the Theory of Signs. In Neurath,O. ,Carnap,R. and C. Morris. (eds.)International Encyclopedia of Unified Science[M]. Chicago:University of Chicago Press,1938.

44. Mounin G. Les Problèmes Théoriques de la Traduction[M]. Paris:Gallimard,1963.

45. Newmark,P. Approaches to Translation[M]. Oxford/New York:Pergamon,1981/1982.

46. Newmark,P. A Textbook of Translation[M]. London:Prentice-Hall International(UK)Ltd. ,1988.

47. Nida E. A. Science of Translation[A]. DILA,S. (ed.)Language Structure and Translation[M]. Standford:Standford University Press,1975.

48. Nida E. A. Toward a Science of Translating[M]. Shanghai:Shanghai Foreign Language Education Press,2004.

49. Nord,C. Translating as a Purposeful Activity:Functionalist Approaches Explained[M]. Manchester:St. Jerome Publishing,1997.

50. Oh and Dineen. Syntax and Semantics,Vol. 11:Presupposition[A]. Karttunen L. and Peters S. Conventional Implicature[C]. New York:Academic Press,1979.

51. Pavis,P. Problems of Translation for the Stage:Intercultural and Post-Modern Theatre[A]. Scolnicov,H. and Holland,P. (eds.)The Play Out of Context:Transferring Plays from Culture to Culture[C]. Cambridge:Cambridge University Press,1989.

52. Pavis,P. Dictionary of Theatre:Terms,Concepts and Analysis[Z]. Toronto:Buffalo:University of Toronto Press,1998.

53. Phyllis,Z. Theatrical Translation and Film Adaptation—A Practitioner's View[M]. 上海：上海外语教育出版社,2008.

54. Reiss,K. and H. J. Vermeer. Grundle Einer Allgemeinen Trans-lationstheorie [M]. Tübingen:Niemeyer,1984.

55. Schneider,K. P. and A. Barron. Where Pragmatics and Dialectology Meet:Introducing Variational Pragmatics. In Schneider,K. P. and A. Barron. (eds.)Variational Pragmatics:A Focus on Regional Varieties in Pluricentric Languages[M]. Amster-

dam:John Benjamins,2008a.

56. Schneider,K. P. and A. Barron. Variational Pragmatics: A Focus on Regional Varieties in Pluricentric Languages[M]. Amsterdam:John Benjamins,2008b.

57. Schneider,K. P. Variational Pragmatics. In Fried,M. ,Östman,J. and J. Verschueren. (eds.)Variation and Change:Pragmatic Perspectives[M]. Amsterdam:John Benjamins,2010.

58. Searle,J. Speech Acts:An Essay in the Philosophy of Language[M]. New York:Cambridge University Press,1969.

59. Setton,R. Simultaneous Interpretation:A Cognitive-Pragmatic Analysis[M]. Amsterdam/ Philadelphia:John Benjamins Publishing Company,1999.

60. Setton,R. Pointing to Contexts:A Relevance-theoretic Approach to Assessing Quality and Difficulty in Interpreting[A]. In Helle D. V. ,Engberg,J. and H. Gerzymisch-Arbogast. (eds.)Knowledge Systems and Translation[C]. Berlin/New York: Walter de Gruyter,2005.

61. Snell-Hornby,M. Translation Studies:An Integrated Approach[M]. Amsterdam and Philadelphia:John Benjamins Publishing Company,1995.

62. Sperber,D. and D. Wilson. Relevance:Communication and Cognition[M]. Oxford:Blackwell,1986/1995.

63. Stanton,W. The Chinese Drama[M]. Hongkong:Kelly and Walsh,Ltd. ,1899

64. Steiner,G. After Babel:Aspects of Language and Translation[M]. Oxford: Oxford University Press,1998.

65. Thomas,J. Meaning in Interaction:An Introduction to Pragmatics[M]. London:Longman,1995.

66. Toury,G. A Rationale for Descriptive Translation Studies[M]. London & Sydney:Croom Helm Ltd. ,1985.

67. Toury,G. Descriptive Translation Studies and Beyond[M]. Amsterdam:John Benjamins Publishing Company,1995.

68. Vermeer,H. J. Skopos and Commission in Translation Action[A]. In Venuti, L. (ed.)The Translation Studies Reader[C]. London/New York:Routledge, 1998/ 2000.

69. Verschueren, J. Pragmatics as a Theory of Linguistic Adaptation[M]. Antwerp: International Pragmatics Association, 1987.

70. Verschueren, J. Meta-pragmatics. In Verschueren, J., Ostman, J. and J. Blommaert. (eds.) Handbook of Pragmatics Manual[M]. Amsterdam: John Benjamins, 1995.

71. Verschueren, J. Understanding Pragmatics[M]. London: Arnold, 1999.

72. Wellwarth, G. E. Special Considerations in Drama Translation[A]. Gaddis, M. (ed.)Translation Spectrum: Essays in Theory and Practice[C]. Albany: State University of New York Press, 1981.

73. Wichmann E. Jingju (Bejjing/Peking Opera) as International Art and as Transnational Root of Cultural Identification: Process of Creation and Reception in Shanghai, Nanjing and Honolulu[A]. UM Hae-kyung. Diasporas and Interculturalism in Asian Performing Arts[M]. New York: Rourtledge Curzon, 2005.

74. Williams, S. W. The Middle Kingdom: A Survey of the Geography, Government, Literature, Social Life, Arts, and History of the Chinese Empire and Its Inhabitants: Vol. 1[M]. New York: Scribner's Sons, 1882.

75. Williams, S. W. The Middle Kingdom: A Survey of the Geography, Government, Literature, Social Life, Arts, and History of the Chinese Empire and Its Inhabitants: Vol. 2[M]. London: W. H. Allen, 1883.

76. Yule, G. Pragmatics[M]. Oxford: Oxford University Press, 1996.

77. Zuber-Serritt, O. Towards a Typology of Literary Translation: Drama Translation Science[J]. Meta. 1988, 33(4).

78. Zucker, A. E. The Chinese Theatre[M]. Boston: Little, Brown and Company, 1925.

79. 巴金著, 曹禺改编. 家[M]. 英若诚译. 北京:中国对外翻译出版公司, 2008.

80. 包惠南. 文化语境与翻译[M]. 中国标准出版社, 2001.

81. 曹禺. 雷雨[M]. 王佐良, 巴恩斯译. 北京:外文出版社, 2001.

82. 曹禺. 日出[M]. 巴恩斯译. 北京:外文出版社, 2001.

83. 曹禺. 曹禺戏剧选[M]. 北京:北京十月文艺出版社, 2021.

84. 陈德鸿, 张南峰. 西方翻译理论精选[M]. 香港:香港城市大学出版社, 2000.

85. 陈宏薇. 语用学与翻译教学[J]. 现代外语,1995(3).

86. 陈淑莹. 标示语英译的语用失误探析[J]. 四川外语学院学报,2006(1).

87. 陈新仁. 会话信息过量现象的语用研究[M]. 西安:陕西师范大学出版社,2004.

88. 陈新仁,余维. 语用学研究需要更宽广的视野[J]. 中国外语,2008(2).

89. 陈新仁. 新编语用学教程[M]. 北京:外语教学与研究出版社,2009.

90. 陈新仁. 语用学新发展研究[M]. 北京:清华大学出版社,2021.

91. 陈新仁,何刚,毛延生,冉永平,于国栋,吴亚欣,姜晖,任伟,谢朝群. 语用学前瞻[J]. 北京第二外国语学院学报,2023(2).

92. 陈忠. 信息语用学[M]. 济南:山东教育出版社,1999.

93. 陈宗明. 中国语用学思想[M]. 杭州:浙江教育出版社,1997.

94. 方容杰,李雯. 国内语用学视角下的翻译研究(1988—2020)——基于CNKI的文献计量分析[J]. 北京第二外国语学院学报,2023(1).

95. 费道罗夫. 翻译理论概要[M]. 北京:中华书局,1955.

96. 戈玲玲. 顺应论对翻译研究的启示——兼论语用翻译标准[J]. 外语学刊,2002(3).

97. 顾曰国. 礼貌、语用与文化[J]. 外语教学与研究,1992(4).

98. 顾曰国. 礼貌、语用与文化[A]. 束定芳编. 中国语用学研究论文精选[C]. 上海:上海外语教育出版社,2001.

99. 何文娟. 言语行为理论视角下《茶馆》的反讽研究[D]. 长沙:湖南师范大学,2012.

100. 何自然,段开诚. 汉英翻译中的语用对比研究[J]. 现代外语,1988(3).

101. 何自然. 语用学与英语学习[M]. 上海:上海外语教育出版社,1997.

102. 何自然. 新编语用学概论[M]. 北京:北京大学出版社,2009.

103. 何自然. 语用翻译探索[M]. 广州:暨南大学出版社,2014.

104. 侯国金. 语用翻译学——寓意言谈翻译研究[M]. 北京:北京大学出版社,2020.

105. 侯涛. 语言顺应与戏剧文体——基于话剧《茶馆》和《雷雨》的研究[D]. 上海:上海外国语大学,2009.

106. 胡静. 从语境角度看舞台戏剧翻译中的语用等值——以《狗儿爷涅槃》英译

本为例[D].兰州:兰州大学,2012.

107. 黄友义.发展翻译事业　促进世界多元文化的交流与繁荣[J].中国翻译,2008(4).

108. 姜望琪.语用学·理论及应用[M].北京:北京大学出版社,2000.

109. 姜望琪.当代语用学[M].北京:北京大学出版社 2003.

110. 锦云.狗儿爷涅槃[M].英若诚译.北京:中国对外翻译出版公司,1999.

111. 康佳珑.交际语用学[M].厦门:厦门大学出版社,2001.

112. 老舍.关于文学翻译工作的几点意见[A].我热爱新北京[C].北京:北京出版社,1979.

113. 老舍.英若诚名剧译丛——《茶馆》[M].北京:中国对外翻译出版公司,1999.

114. 老舍.茶馆[M].英若诚译.北京:中国对外翻译出版公司,1999.

115. 李发根.语用学与翻译[J].江西师范大学学报,1997(4).

116. 李津.曹禺戏剧舞台指示语言中的"着"字句研究[D].武汉:中南民族大学,2015.

117. 李静.从模糊语言的语用功能析《茶馆》中的对话[D].长沙:湖南农业大学,2011.

118. 李文革.西方翻译理论流派研究[M].北京:中国社会科学出版社,2004.

119. 李占喜.从"关联域"分析互文性翻译中的文化亏损[A].杨自俭.英汉语比较与翻译 4[M].上海:上海外语教育出版社.2002.

120. 李占喜.语用综观论:文学翻译的一个新视角[A].杨自俭.英汉语比较与翻译 5[M].上海:上海外语教育出版社,2004.

121. 李占喜.语言顺应论与翻译研究[A].冉永平,张新红.语用学纵横[M].北京:高等教育出版社,2007.

122. 廖雪汝.《玛蒂尔达》中国巡演成功对我国戏剧文学外译与传播的启示[J].湖北广播电视大学学报,2020(8).

123. 林克难.关联翻译理论简介[J].中国翻译,1994(4).

124. 刘建刚,闫建华.论告示的语用等效翻译[J].上海翻译,2005(4).

125. 刘宓庆.当代翻译理论[M].北京:中国对外翻译出版公司,1999.

126. 刘宓庆.文化翻译论纲[M].武汉:湖北教育出版社,1999.

127. 刘牧雪.新时期话剧中的冲突话语研究——以《驴得水》和《蒋公的面子》为例[D].苏州:江苏师范大学,2020.

128. 龙娟娟.曹禺话剧作品中的话语标记研究[D].昆明:云南师范大学,2018.

129. 鲁迅.鲁迅书信集(下卷)[M].北京:人民文学出版社,1976.

130. 罗国莹,刘丽静,林春波.新编语用学研究与运用[M].北京:中央编译出版社,2020.

131. 罗斯.新编翻译手册[M].沈阳:辽宁人民出版社,1981.

132. 孟建钢.关于会话语篇连贯的关联性诠释[J].外语与外语教学,2001(7).

133. 马会娟.论英若诚译《茶馆》的动态表演性原则[J].解放军外国语学院学,2004(5).

134. 马会娟.英语世界中国现当代文学翻译:现状与问题[J].中国翻译,2013(1).

135. 马萧.话语标记语的语用功能与翻译[J].中国翻译,2003(5).

136. 马萧.翻译适应变异论[M].武汉:武汉大学出版社,2012.

137. 马祖毅.中国翻译简史[M].北京:中国对外翻译出版公司,1998.

138. 孟伟根.戏剧翻译研究[M].杭州:浙江大学出版社,2012.

139. 孟伟根.中国戏剧外译史[M].杭州:浙江大学出版社,2017.

140. 莫爱屏.语用与翻译[M].北京:高等教育出版社,2010.

141. 钱冠连.汉语文化语用学[M].北京:清华大学出版社,1997/2020.

142. 冉永平.语用学:现象与分析[M].北京:北京大学出版社,2006.

143. 冉永平,张新红.语用学纵横[M].北京:高等教育出版社,2007.

144. 任晓霏.译者登场——英若诚戏剧翻译系统研究[D].上海:上海外国语大学,2009.

145. 施叔青.西方人看中国戏剧[M].北京:人民文学出版社,1988.

146. 宋旭,杨自俭.译者的原文理解过程探讨[J].四川外语学院学报,2003(5).

147. 宋志平.翻译:选择与顺应语用顺应论视角下的翻译研究[J],中国翻译,2004(3).

148. 索振羽.语用学教程[M].北京:北京大学出版社,2014.

149. 王芳.汉语戏剧文本中"提示性语言"的研究[D].北京:北京语言大学,2006.

150. 王建国.关联理论与翻译研究[M].北京:中国对外翻译出版公司,2009.

151. 王建华.语用学在语文教学中的运用[M].杭州:杭州大学出版社,1996.

152. 王津京.话剧语言的话语模式与意义生成[D].中国艺术研究院,2021.

153. 王丽娜.中国古典小说戏剧名著在国外[M].上海:学林出版社,2012.

154. 王银泉,陈新仁.城市标识用语英译失误及其实例剖析[J].中国翻译,2004(2).

155. 王壮,郭雪,卢明嘉,赵军武.创新推动我国学术出版高质量"走出去"——基于"中华学术外译"项目(2017—2021年)立项结果的统计分析[J].科技与出版,2022(8).

156. 翁显良.意态由来画不成[M].北京:中国对外翻译出版公司,1983.

157. 吴晓樵.中德文学因缘[M].上海:上海外语教育出版社,2008.

158. 习近平.推进"一带一路"建设工作座谈会上的讲话[EB/OL].https://www.gov.cn/xinwen/2016-08/17/content_5100177.htm,2016.8.17.

159. 习近平.二十大报告《高举中国特色社会主义伟大旗帜 为全面建设社会主义现代化国家而团结奋斗》,2022.10.16.

160. 西槙光正.语境研究论文集[C].北京:北京语言学院出版社,1992.

161. 夏中华.语用学的发展与现状[M].北京:中国社会科学出版社,2015.

162. 谢天振,查明建.中国现代文学翻译史学(1898—1949)[M].上海:上海外语教育出版社,2004.

163. 熊学亮.认知语用学概论[M].上海:上海外语教育出版社,1999.

164. 许昳婷.戏里戏外:中国现代话剧观念的艰难抉择[M].厦门:厦门大学出版社,2016.

165. 严慧.《天下》杂志与中国现代戏剧的英译传播[J].当代作家评论,2012(6).

166. 杨司桂.语用翻译观:奈达翻译思想再研究[M].成都:四川大学出版社,2022.

167. 杨雪燕.话语分析与戏剧语言文体学[J].外语教学与研究,1991(2).

168. 叶慧君,王晔.后现代语境下中国文化"走出去"的趋势与反思[J].上海翻译,2023(3).

169. 英若诚.英若诚名剧五种[M].沈阳:辽宁教育出版社,2001.

170. 余光中.翻译乃大道[M].北京:外语教学与研究出版社,2014.

171. 岳启业.合作原则视角下话剧《雷雨》的会话含义研究[D].哈尔滨:黑龙江大

学,2016.

172. 曾利沙. 翻译教学中的预设思维训练——兼论译者主体主观能动性的思维动因[J]. 外国语言文学,2006(3).

173. 曾文雄. 语用学翻译研究[M]. 武汉:武汉大学出版社,2007.

174. 曾宪才. 语义、语用与翻译[J]. 现代外语,1993(1).

175. 张翠玲. 中国现当代戏剧的英译与接受研究(1949—2015)[D]. 北京:北京外国语大学,2017.

176. 张丹丹. 国家话语权建构视域下的中国文学外译70年回视[J]. 上海翻译,2023(5).

177. 张景华,崔永禄. 解释性运用:关联翻译理论的实践哲学[J]. 外语与外语教学,2006(11).

178. 张立友. 跨文化传递:近百年来中国现当代戏剧的英译传播[J]. 淮海工学院学报(人文社会科学版),2017(5).

179. 张绍杰,杨忠. 语用·认知·交际[M]. 吉林:东北师范大学出版社,1998.

180. 张新红. 社会用语英译中的语用失误:调查语分析[J]. 外语教学,2000(3).

181. 张新红,何自然. 语用翻译:语用学理论在翻译中的应用[J]. 现代外语,2001(3).

182. 张瑜. 文学言语行为论研究[M]. 上海:学林出版社,2009.

183. 赵冬颖. 老舍话剧的文体研究[D]. 长沙:湖南大学,2008.

184. 赵宁. Gideon Toury 翻译规范论介绍[J]. 外语教学与研究,2001(3).

185. 赵征军. 中国戏剧典籍译介研究:以《牡丹亭》的英译与传播为中心[M]. 北京:中国社会科学出版社,2015.

186. 中国社会科学院语言研究所"汉语运用的语用原则"课题组. 语用研究论集[C]. 北京:北京语言学院出版社,1994.

187. 朱永生,苗兴伟. 语用预设的语篇功能[J]. 外国语,2000(3).

188. 左思民. 汉语语用学[M]. 郑州:河南人民出版社,2000.

۶